Wir alle werden in weit stärkerem Maße von Farben beeinflußt, als uns bewußt ist: Rosa beruhigt, Rot gibt uns Energie, Blau bewirkt eine friedvolle, ruhige Stimmung, und Grün fördert die Harmonie.

Die Einstimmung auf Farben läuft über unseren Energiekörper, die Aura. Die Färbung der Aura, ihre Intensität und Größe reflektieren unseren körperlichen, seelischen und geistigen Zustand. Abhängig von unseren Gedanken, Wünschen und Emotionen, leuchtet unser Energiefeld in den hierfür typischen Farben. Andererseits können wir über den bewußten Farbeinsatz Wirkungen auf Körper und Seele erzielen und so die Beschaffenheit unserer Aura verändern.

Das vorliegende Buch der englischen Farbtherapeutin Marie Louise Lacy bietet zahlreiche Möglichkeiten, Farben für Gesundheit und persönliches Wachstum kreativ einzusetzen.

Marie Louise Lacy beschäftigt sich seit Jahrzehnten mit esoterischen Lehren. Sie war maßgeblich beteiligt an der Organisation zahlreicher Kongresse und Konferenzen, u. a. am »Festival for Mind, Body, and Spirit«. Frau Lacy ist Vorsitzende der »International Association of Colour Therapists« und leitet eine Firma, die die Farbgestaltung von Büros, Kliniken, Therapiezentren und öffentlichen Gebäuden übernimmt.

M. L. Lacy ist Mutter von drei adoptierten Kindern.

Esoterik

Herausgegeben von Gerhard Riemann

Deutsche Erstausgabe September 1991
© 1991 by Droemersche Verlagsanstalt Th. Knaur Nachf., München
Das Werk einschließlich aller seiner Teile ist urheberrechtlich geschützt.
Jede Verwertung außerhalb der engen Grenzen des Urheberrechtsgesetzes ist
ohne Zustimmung des Verlages unzulässig und strafbar. Das gilt insbesondere
für Vervielfältigungen, Übersetzungen, Mikroverfilmungen und die
Einspeicherung und Verarbeitung in elektronischen Systemen.
Titel der Originalausgabe »Know Yourself Through Colour«
© 1989 by Marie Louise Lacy
Originalverlag The Aquarian Press
Umschlaggestaltung Peter F. Strauss
Satz DTP ba · br
Druck und Bindung Ebner Ulm
Printed in Germany
ISBN 3-426-04260-6

2   4   5   3   1

Marie Louise Lacy

Das Farborakel

Die psychologische und spirituelle
Bedeutung der Farben

Bearbeitung und Übersetzung
aus dem Englischen von Bettine Braun

Mit zahlreichen schematischen Darstellungen,
8 Farbtafeln und 28 Farbkarten

Danksagung

Ich möchte den Lehrern danken, denen ich begegnen durfte und die in mir tiefere Einsichten in die vielfältigen Realitäten des Lebens weckten. Und ich danke Gill Wright, der begnadeten Heilerin und Sensitiven, für ihre Ermutigung und großzügige Hilfe.

Inhalt

Vorwort

Dieses Buch wird jedem etwas zu sagen haben, denn es gibt wohl niemanden, der nicht auf irgendeine Weise für Farben empfänglich ist. Farben spielen überall und immer eine Rolle, ob es uns bewußt ist oder nicht, ob wir nun mit dem Auto vor einer Verkehrsampel stehen und automatisch auf ihre Anweisungen reagieren oder ob unsere Augen sich an der glühenden Schönheit eines Sonnenuntergangs erfreuen.

Was in der menschlichen Organisation reagiert auf Farben? Warum ziehen wir eine bestimme Farbe vor? Unsere Farbwahrnehmungen und -vorlieben sind Ausdruck unserer Intuition, und wenn wir die Bedeutung der Farben verstehen, erfahren wir auch mehr über unseren Intuitionssinn. Warum zieht uns Blau an, wenn wir uns unruhig fühlen, oder Rot, wenn wir meinen, wenig Energie zu haben?

Wenn wir uns mit den vielfältigen Aspekten der Farben beschäftigen, beginnen wir zu verstehen, daß die richtige Wahl der Farben, die uns umgeben, unsere Gesundheit und unser Wohlbefinden deutlich verbessern kann. Auch wenn wir das Haus nicht gleich neu einrichten oder neue Kleider kaufen können, so können wir doch schon durch kleine Veränderungen und durch unsere Ernährung für wohltuende Abwechslung sorgen. Denken Sie nur einmal daran, welch große Vielfalt von Farben wir allein im nächsten Gemüseladen sehen. Die vielen Rot-, Grün-, Orange- und Gelbtöne ebenso wie die Blau-, Indigo- und Violettschattierungen am anderen Ende des Spektrums.

Daß die Natur sich in ein so vielfältiges Gewand hüllt, nehmen wir oft als selbstverständlich hin. Hat es eine besondere Bedeutung, daß Grün die vorherrschende Farbe in der Natur ist? Der grüne Strahl wurde als Vermittler zwischen beiden Welten bezeichnet, der das Gleichgewicht zwischen Geist und Materie herstellt. Wenn wir uns mit den sieben wichtigsten Energiezentren und Chakren befassen, so wird Grün dem Herzzentrum zugeordnet, dem Bereich, in dem die niedrige und die höhere Natur des Menschen in Harmonie gebracht wird.

Ich glaube, daß die größte Veränderung, die wir in Zukunft im Bereich der Medizin erzielen werden, die Behandlung geistig-seelischer Krankheiten betrifft und daß auch eine Weiterentwicklung auf dem Gebiet der Farbtheraphie als Basis der Heilung solcher Zustände zu erwarten ist.

Dabei geht es um eine Medizin, die mit Schwingungen von einer höheren Frequenz arbeitet, als sie die heute benutzten allopathischen Medikamente haben, die oft die Sinneswahrnehmungen nur schwächen. Es geht vor allem um den Einfluß der Heilkunst auf das Verhältnis der vier Elemente unseres Daseins zueinander – der Vierheit von Psyche, Intellekt, Physis und der geistig-spirituellen Ebene.

Wie auch immer wir zu der Schwingungserfahrung stehen, die wir Farbe nennen – zu diesem Thema gibt es viel zu entdecken, vielleicht müßte man auch sagen, wiederzuentdecken. Frühere Zivilisationen besaßen das Wissen um die lebendigen Heilkräfte der Pflanzen, des Mineralreichs, von Musik und Farbe. Wenn Sie sich an die Lektüre dieses Buches machen, so achten Sie einmal bewußt darauf, welche Farben Sie umgeben oder welche Kleider Sie am liebsten tragen, und beginnen Sie Ihre Reise in das reiche Spektrum der Farben.

Gill Wright

Die Farben des Regenbogens

Für die Ägypter war Farbe etwas Metaphysisches. Sie beteten die Sonne an, denn sie wußten, daß es ohne Licht keine Wärme und kein Leben gäbe. Sie bauten Tempel mit heilenden Farben, in denen die Menschen sich kräftigen und erneuern konnten. Die Sonne ist die stärkste reinigende Kraft, doch wie alles im Leben muß es ein Gleichgewicht geben; zuviel Sonnenlicht verbrennt und zerstört.

Die Farben des Regenbogens werden sichtbar, wenn die Luft sehr feucht ist und zugleich die Sonne scheint. Die Wasserpartikelchen in der Luft wirken wie Prismen, brechen die Farben, die im weißen Licht enthalten sind. Als ich vor ein paar Jahren in Kanada war, gefror nach einem schweren Schneesturm der Schnee auf den Bäumen, und als die Sonne wieder schien, begannen die Bäume wunderbar zu leuchten. Der schmelzende Schnee wirkte als Prisma und ließ sie in allen Regenbogenfarben aufschimmern – es war ein wunderbarer Anblick.

Das Wissen um die heilende Kraft der Farbstrahlen ging beinahe ganz verloren, als im alten Griechenland die Farbe nur noch Gegenstand der Wissenschaft war. Wir sollten den wenigen danken, die Farben-Weisheit und -Philosophie über die Zeiten gerettet haben. Farbe ist eben nicht nur eine Wissenschaft, sondern auch tiefe Philosophie, und beide Aspekte sollten Hand in Hand gehen. Im Mittelalter ließ Paracelsus das Wissen um die Heilkraft der Farbstrahlen wieder aufleben, benutzte aber auch Heilkräuter, Musik und vieles, was wir heute aus der alternativen Medizin kennen. Er, der seiner Zeit so weit voraus war, wurde in ganz Europa verfolgt und wegen seiner Arbeit verspottet. Leider fielen die meisten seiner Handschriften den Flammen zum Opfer. Heute sieht man in ihm einen der größten Ärzte und Heiler seiner Zeit. Isaak Newton war ein weiterer Pionier in diesem Bereich und forschte lange Jahre, bevor er herausfand, daß man durch ein Prisma sieben Farben sehen konnte. Versuche mit weiteren Brechungen verliefen ergebnislos.

Nun ist es interessant, daß die Zahl Sieben mit dem Leben auf der Erde fortwährend zusammenhängt. Wir haben sieben Wochentage, sieben Noten in einer Tonleiter; es heißt, daß sich im Lauf von sieben Jahren alle Zellen im menschlichen Körper erneuern; sieben mal vier ist ein Mondmonat, eine Zeitspanne, die mit dem weiblichen Menstruationszyklus zusammenhängt; wir haben sieben Sinne, von denen die meisten Menschen die beiden letzten erst noch entwickeln müssen: Hellhörigkeit, also Hören in einer anderen Dimension, und Hellsichtigkeit, durch die man in die Welt des Unsichtbaren blicken kann. Man spricht zudem von den sieben Weltwundern, von den sieben Hauptplaneten, den sieben Meeren usw. Durch Beschäftigung mit der Wissenschaft entdeckt man bald, daß wir in einem sehr geordneten Universum leben. Es ist die Menschheit, die durch ihr Verhalten Unordnung hineinträgt. Heute beginnen sich viele Menschen mit tieferen Fragen zu beschäftigen und mehr Verantwortung zu übernehmen. Neue, weltweite Kommunikationsmöglichkeiten haben sich eröffnet, und die Suchenden finden Zugang zu mehr Wissen über das Universum. Früher wurde esoterische Weisheit nur durch die Mysterienschulen verbreitet, doch heute ist sie jedem zugänglich. Das hilft uns, die heutigen Geschehnisse besser zu verstehen.

Die sieben Farben lassen sich vielfältig kombinieren. Durch Hinzufügen von Schwarz erhalten sie dunkle Tönungen, durch Weiß Helltönungen. Allein Rot soll mehrere tausend Farbschattierungen in seinem Spektrum haben; bei jeder Farbe jedoch gehen wir von dem Grundton aus, den wir durch ein Prisma erkennen. Das ist der Farbton, den die Künstler immer wieder festzuhalten versuchten, um die Leuchtkraft und Farbtiefe einzufangen, die wir in der Natur sehen.

Wir leben in einer Welt der Dualitäten: positiv und negativ, Dunkelheit und Licht, heiß und kalt usw. Auch in den Farben finden wir diese Dualität: Wir unterscheiden ein warmes und ein kaltes Spektrum, positive und negative Attribute. Die positiven Attribute sind die Helltönungen, die negativen die Dunkeltönungen; die einzigen Farben, für die das nicht gilt, sind manche Grün- und Blautöne. Beim Grün haben wir dunkle Töne, die uns Kraft geben können, und beim blauen Spektrum finden wir im Royalblau und im Marineblau positive Eigenschaften.

Wir haben heute das Glück, nach Wunsch die verschiedensten Farben tragen zu können, während sich in der Vergangenheit nur die Privilegierten diesen Luxus leisten konnten. Die natürlichen Farben, die man damals zum Färben verwendete, waren teuer. Die synthetischen Farben, die uns heute zur Verfügung stehen, bieten uns eine schier unbegrenzte Auswahl an Tönen. Im alten Rom trugen die Männer, die hohe Ämter bekleideten, purpurrote Roben, denn sie wußten, daß diese Farbe Macht, Noblesse und Autorität bedeutete. Die Charakteristika ganzer Geschichtsepochen lassen sich an den Farben der Kleidung ablesen, die man trug: In Zeiten der Besonnenheit und Nüchternheit trug man düstere Farben. Die Kleidung der frühen Quäker drückte den feierlichen Ernst und ihren Mangel an Leichtigkeit und Freude aus. Wenn die Menschen sich frei und unbefangen fühlen, tragen sie hellere Farben. Interessant ist auch, wie in der Welt der Mode die Farben je nach der Jahreszeit wechseln. Während ich dies schreibe, tragen viele Leute Rot, was Kraft, Mut und die positive Seite des Pioniergeistes zum Ausdruck bringt; die negative Seite dieser Farbe ist jedoch Gewalt und Brutalität, und wir können das eine wie das andere heutzutage beobachten. Eine Amerikanerin bemerkte, daß vor dem letzten Weltkrieg viel Rot getragen wurde, ebenso wie heute. Ihr erschien es damals als das Rot des Kriegsgottes; ebenso beobachtete sie gegen Ende des Krieges ein häufiges Auftreten blasserer Blautöne, die den Frieden ankündigten und heilsam wirkten.

Auf dem Höhepunkt der ägyptischen Kultur war man mit den höchsten Aspekten des roten und gelben Strahls in Verbindung. Ein Attribut des roten Strahls ist Liebe, ein Attribut des gelben Weisheit. Heute arbeiten wir mit dem grünen Strahl, denn aus dem Chaos, in dem wir im Moment leben, können Harmonie und Frieden entstehen, wenn wir uns danach sehnen und dafür beten. Das tiefere Wissen um die blauen Strahlen der Seele, die Strahlen der Intuition und Inspiration, wird erst allmählich zugänglich werden, wir werden den Sinn des Lebens zu erkennen beginnen, die tiefere Ursache hinter den Erscheinungsformen.

Wir stehen auf der Schwelle eines neuen Zeitalters, des Wassermann-Zeitalters, das sich als Sonnen-Zeitalter offenbaren wird. Die früheren Wissenschaftler werden sich mehr für Sonnenenergie interessieren, da die Ressourcen an Öl und Kohlen abnehmen und man lernen muß, die starke Energiequelle Sonne zu nutzen. Das geschieht hier und da bereits schon mit Erfolg im privaten Bereich.[1]

Es besteht heutzutage ein großes Interesse an Farben, vor allem in bezug auf unsere Kleidung, auf die Inneneinrichtung unserer Wohnungen, von Büros und Krankenhäusern. Doch wir müssen uns mit den tieferen Aspekten der Farbe beschäftigen, wozu dieses Buch Ihnen hoffentlich Anregung gibt.

1 Siehe: *The Splendour of Tipheret* von Omraam Mikhaël Aïvanhov (Prosveta, ISBN 2–85566–110–2).

Dann können wir auch bei anderen das Bewußtsein dafür wecken, daß Farben sich auf vielerlei Weise positiv und heilsam auswirken. Wir müssen unsere Seelen und unser Bewußtsein öffnen, um die Weisheit zu entdecken, die in den göttlichen kosmischen Strahlen liegt, an denen wir teilhaben und die uns immerfort umgeben.

Was ist Farbe?

Wir nehmen Farbe durch die Sinne auf und interpretieren das, was wir sehen, mit unserem Gefühl und mit unserer Reaktion auf die betreffende Farbe. Wissenschaftler haben kaum Interesse an spirituellen und seelischen Aspekten und betrachten die Farbe einzig unter dem Gesichtspunkt von Wellenlängen, Schwingungen und Energie. Wir können das Phänomen Farbe also in drei Aspekte einteilen: Physik, Chemie und Wahrnehmung. Jeder dieser Aspekte hat seine eigenen Gesetze und Erscheinungsformen.

Chemisch betrachtet besteht Farbe aus Pigmenten und Verbindungen. Man unterscheidet die drei Grundfarben Rot, Gelb und Blau. Aus jeweils zwei Farben entsteht eine neue Farbe, und zwar in den folgenden Zusammensetzungen:

Rot und **Gelb** ergibt **Orange.**
Gelb und **Blau** ergibt **Grün.**
Blau und **Rot** ergibt **Violett.**
All diese Farben zusammen ergeben **Schwarz.**

Physikalisch besteht Farbe aus Licht; die drei Primärfarben sind Rot, Grün und Blau-Violett. Ihre Mischung ergibt:

Rot und **Grün** ergibt **Gelb.**
Grün und **Blau-Violett** ergibt **Hell-Türkis.**
Rot und **Blau-Violett** ergibt **Magenta**.
Weiß ist die Verbindung all dieser Töne.

Die sinnliche Wahrnehmung der Farbe ist visuell und stellt zugleich ein physiologisches und psychologisches Phänomen dar. Wir sehen die drei Primärfarben, Rot, Gelb und Blau, und

14

dazu Grün. Aus ihnen entstehen alle anderen Farben, sie ergeben zusammengenommen Grau. Ein Blick auf die Farbtafeln wird das oben Gesagte verdeutlichen.

Rot, Orange und Gelb sind »magnetische« Farben. Sie sind wärmend, aktivierend und anregend, während Blau, Indigo und Violett kühle Farben sind; sie sind »elektrisch« und wirken beruhigend. Der grüne Strahl in der Mitte ist weder warm noch kalt und wirkt als Ausgleich zwischen den warmen und kalten Strahlen. Die warmen Farben, Rot, Orange und Gelb, verbinden uns mit der Erde; sie verleihen uns die magnetische Energie, die wir brauchen, um auf dieser Ebene zu funktionieren. Der rote Strahl steht für den Lebensgeist; wenn wir nicht genug Rot in unserem System haben, werden wir dumpf, lethargisch und verlangsamt. Es beeinflußt unser Blut wie unseren Gleichgewichtssinn: wenn man eine Weile im Bett gelegen hat, fühlt man sich beim Aufstehen schwindlig. Das liegt daran, daß wir den Kontakt zur Erde durch unsere Füße brauchen und durch das Liegen im Bett magnetische Kraft verlieren, so daß die Lebensenergie, der rote Strahl, nicht wie sonst durch uns fließen kann.

Wir sind umgeben von elektromagnetischen Energiewellen, von denen die Regenbogenfarben nur einen kleinen Teil ausmachen. Bis jetzt haben wir acht Arten von Strahlen entdeckt; insgesamt gibt es zwölf, wozu Radio- und Fernsehwellen, Mikrowellen, infrarotes und ultraviolettes Licht gehören. Ebenso existieren noch Gammastrahlen und kosmische Strahlen, doch wissen wir noch sehr wenig über sie, obwohl man sich heute sehr intensiv mit ihnen beschäftigt, da sie den Schlüssel für so vieles in unserem Universum enthalten.

Die Sonnenstrahlen sind nicht notwendigerweise warm, erst wenn sie auf die Erdatmosphäre treffen, erzeugen sie Hitze. Die Erde umgibt eine Ätherhülle, die der Mensch in seiner Unwissenheit zerstört. Wir verschmutzen die Atmosphäre durch chemische Substanzen. Sogar der Flug eines Raumschiffes zerreißt diese Hülle, die uns vor der äußeren Hemisphäre schützt. Die Wissenschaft ist heute weit entwickelt, aber es bedarf des philosophischen Einblicks und der Weisheit, damit wir nicht unsere eigene Zerstörung bewirken.

Jede Farbe hat ihre eigene Wellenlänge und Schwingungsfrequenz; die folgende Zeichnung, in der die Farben kegelförmig angeordnet sind, soll das verdeutlichen:

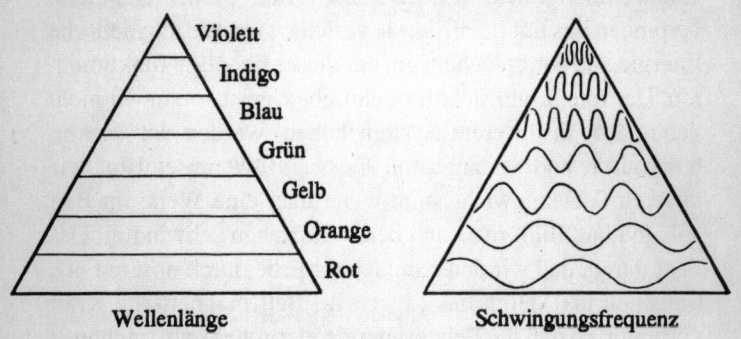

Die Wellenlängen nehmen beim Aufsteigen in der Pyramide ab, die Schwingungsfrequenz der Farben nimmt zu.

Rot steht auf der untersten Stufe, da es die größte Wellenlänge und die langsamste Schwingungsfrequenz hat. Beim Aufsteigen zum Orange wird die Wellenlänge kürzer, die Schwingungsfrequenz jedoch rascher, und immer weiter so beim Aufsteigen der Pyramide. Violett an der Spitze hat somit die höchste Schwingungsfrequenz.

Wenn man das Dreieck von oben betrachtet, kann man es sich als kreisförmigen Aufbau denken. Das Zentrum ist violett, die Peripherie rot. Wir neigen alle dazu, an der Peripherie des Lebens zu verharren und das Zentrum nicht wahrzunehmen. Wenn wir das Zentrum in uns selbst finden, gelangen wir zu

Frieden und Erfüllung. Die Menschen suchen das Glück in der Außenwelt, werden aber dadurch immer wieder enttäuscht. Nur wenn wir das Zentrum finden, enthüllen sich uns Weisheit, Wissen und Einsicht. Der violette Strahl wirkt reinigend und hilft uns, zum inneren Zentrum vorzudringen, in dem das Hohe, Königliche, Reine und Göttliche ruht.

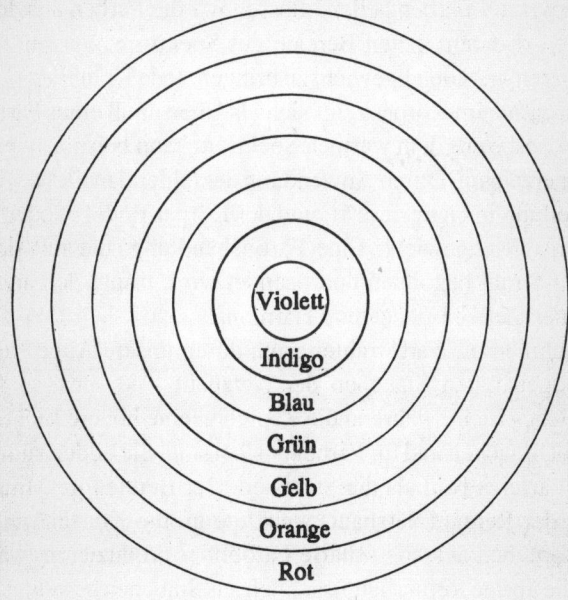

Jede Farbe hat ihre eigene Komplementärfarbe. Denken wir an den roten Strahl, so ziehen wir den grünen Strahl an, der sein Nachbild ist. Der rote Strahl zieht auch den blauen an, der in der Heilkunst als seine Komplementärfarbe benutzt wird.

Die Komplementärfarben:
Rot zieht Grün und Blau an,
Orange zieht Indigo an,
Gelb zieht Violett an.

Grün in der Mitte des Spektrums hat keine Komplementärfarbe im Spektrum und ist weder warm noch kalt, doch oft werden Grün und Magenta als Komplementärstrahlen verwendet. Magenta entsteht aus den infraroten und ultravioletten Lichtstrahlen; da es jedoch keine Farbdichte hat, kann man es durch das Prisma nicht sehen (siehe Farbtafel).

Wenn wir mit Farben heilen, müssen wir die Farben aus dem warmen wie dem kalten Bereich des Spektrums nutzen, um das System ins Gleichgewicht zu bringen. Jede Krankheit oder Disharmonie im Körper zeigt sich als Überschuß einer Farbe. Zuviel Farbe aus dem warmen Spektrum kann beispielsweise Fieber erzeugen. Durch Anwendung der fehlenden Farbe wird die Heilung in Gang gesetzt, und der Körper findet wieder zu seinem Gleichgewicht. Eine Farbbehandlung, die mit dem grünen Strahl begonnen und beendet wird, bringt den angegriffenen Zellen Frieden und Harmonie.

Wir nehmen die Farbstrahlen auch durch unsere Augen auf. Die sogenannten Stäbchen der Netzhaut sind sensibel für schwaches Licht, während die Zäpfchen eine höhere Lichtintensität brauchen und für Farbe sensibel sind. Sie bilden zudem ein schärferes Bild als die Stäbchen. Der Bereich im Mittelpunkt der Retina (Netzhaut) weist die größte Konzentration von Zäpfchen aus, die scharfe Farbbilder produzieren, während die übrige Retina hauptsächlich aus Stäbchen besteht. Die Netzhaut, der Sehnerv und das Gehirn bilden zusammen ein System, das »Augen-Gehirn«.

Wenn wir nicht sehen können oder das Sehvermögen verlieren, ist das ganze Körpersystem so lange aus dem Gleichgewicht, bis es sich wieder angepaßt hat. Da die Augen die Lichtstrahlen nicht mehr aufnehmen, übernimmt das allmählich die Haut. Das wird eine Weile dauern, aber der Körper kann sich dann tatsächlich umstellen. Blinde Menschen können eine ungeheure Sensibilität in ihren Fingerspitzen entwickeln und Farben erkennen durch bloßes Berühren: Sie stellen sich, auch wenn sie sich dessen nicht bewußt sind, auf die entsprechende Frequenz ein. Versuchen Sie es selbst: Schließen Sie die Augen, nehmen Sie verschiedene Farben in die Hand, und prüfen Sie nach, wie viele Sie richtig erspüren können. Dadurch kann man seine Sensibilität allmählich erhöhen.

Carol Ann Liaros aus den Vereinigten Staaten verhalf den Blinden, mit denen sie arbeitete, zu Wahrnehmung, indem sie sie dazu brachte, sich auf den Punkt zwischen den beiden Augenbrauen zu konzentrieren und Licht zu denken, selbst wenn sie den Begriff nicht kannten. Eine von Geburt an blinde Frau, die das lange Zeit praktizierte, merkte, daß sie durch diesen Punkt energetische Lichtquellen wahrnehmen konnte, die verschiedene Formen umgaben. Man erklärte ihr, was für Gegenstände sie sah, und so vermochte sie allmählich die verschiedensten Dinge richtig zu erkennen. So konnte sie ohne Mühe Straßenlaternen sehen oder auch Bücher. Wenn sie ein Buch in den Händen hielt, sah sie ein Bild seiner Umrisse als Licht. Ich begegnete den beiden 1978 in London auf dem »Festival For Mind, Body, and Spirit«, und es war wunderbar zu sehen, wie Blinden auf diese Art und Weise geholfen werden kann, Licht wahrzunehmen.

Wenn wir eine Blume betrachten, so sehen wir nur die Farbe, die sie nicht absorbiert hat; das gilt in der ganzen Natur. Alle anderen Farbstrahlen werden absorbiert. Es ist eine bestimmte Energiefrequenz, die der Blume die sichtbare Farbe gibt; in dem Maß, wie unsere eigenen Energieschwingungen stärker werden, können wir auch Farben wahrnehmen, die uns im Augenblick noch traumhaft vorkommen. Heute können wir bereits Farben sehen, die noch vor einiger Zeit nicht sichtbar waren.

Die Aura

Die Hellsichtigen aller Zeiten haben von einer Aura von Licht gesprochen, die alle Lebensformen umgibt. Künstler haben schon seit Tausenden von Jahren große spirituelle Wesen mit Heiligenscheinen dargestellt. Noch in der Renaissance gab es eine religiöse Kunst, die auf dieser Intuition und hohem spirituellem Bewußtsein beruhte. Die Künstler im Osten stellten Heilige nicht nur mit einem Heiligenschein um ihren Kopf dar, sondern zeigten in manchen Fällen auch die Aura. In Tibet wurde der Mensch immer mit einer Aura aus den sieben Regenbogenfarben dargestellt. Aussprüche, die mit Gemütsverfassungen in Zusammenhang mit Farben stehen, wie beispielsweise »rotsehen«, »gelb vor Neid sein«, »warten, bis man schwarz wird«, haben sich aus den Zeiten erhalten, in denen die Menschen noch um die tiefere Bedeutung der Farbstrahlen wußten.

Vor dem ersten Weltkrieg erfand Dr. W. J. Kilner, der sich am St.-Thomas-Hospital in London mit medizinischer Elektrotechnik befaßte, einen Apparat, der bestimmte Lichtstrahlen ausschaltete, um ultraviolettes Licht wahrnehmbar zu machen. Nach einigen Jahren des Experimentierens konnte er auf einem Schirm sichtbar machen, daß jeder Mensch von einem schwach leuchtenden Nebel umgeben ist, der sich bis zu etwa fünfzig Zentimeter in alle Richtungen ausbreitet und normalerweise eine ovale Form hat. Dieser Lichtschein verlor manchmal seine ovale Form, oder es erschienen dunkle Punkte auf ihm. Er fand zudem heraus, daß man die Ausstrahlungen dieser Aura willentlich verändern konnte und daß Menschen mit einem sehr vitalen Energiefeld auf eine schwache Aura einwirken konnten. Letztere saugte wie ein Schwamm die Energie des anderen Menschen auf. Er entwickelte ein System der Aura-Diagnose, konnte aber die medizinische Welt für seine Entdeckung nicht interessieren. Auch die Veröffentlichung seines Buches *The Human Atmosphere,* in dem er seine Entdeckung ausführlich beschrieb, fand kein Echo; es scheint, daß die Zeit für solche Dinge noch nicht reif war.

Erst mit der Einführung der Kirlian-Fotografie begann die akademische und medizinische Welt Interesse an der Erforschung der Aura zu zeigen. Die russischen Forscher hatten sich schon jahrelang mit Energiefeldern beschäftigt, als ein anderer Russe, Semjon Kirlian, eine Methode entdeckte, wie man diese Energie fotografieren konnte. Als er und seine Frau Valentina, die mit ihm zusammenarbeitete, Wissenschaftler mit dieser neuen Technik bekannt machten, begann damit eine neue Ära der Erforschung der Aura. Man fand heraus, daß rings um ein Blatt, das man fotografiert hatte, ein heller Schimmer zu sehen war, der jedoch bald zu verblassen begann. Man fotografierte Gemüse und entdeckte, daß Licht ausströmte, wenn man es zerschnitt, daß also Lebensenergie freigegeben wurde. Weitere Forschungen ergaben, daß sich durch Krankheit die Farben in der Aura und die Muster des Energiefeldes verändern, und man konnte durch Tests nachweisen, daß diese Veränderungen drei Wochen vor der körperlichen Manifestation der Krankheit auftraten.

1968 wurden anläßlich einer sowjetischen Wissenschaftlertagung Kirlian-Fotografien von einem Patienten vor, während und nach einer Heilung durch Handauflegen gemacht. Es waren erstaunliche Unterschiede sichtbar, die Helligkeit der Aura verstärkte sich während der Behandlung beträchtlich. Ich war selbst Zeuge eines solchen Experimentes in London, als Harry Oldfield mit einem Patienten arbeitete und die Kirliansche Diagnosemethode anwendete. Durch Kirlian-Fotografien konnte man auch die Ausstrahlung des Heilers zeigen: Seine Hand ist blau, während die Fingerspitzen von strahlendem Licht umgeben sind.

Es wurden überall auf der Welt Experimente unternommen, um diese Energien zu erforschen, und man fand heraus, daß jede Lebensform von einem Energiefeld umgeben ist. Dieses Energiefeld kann eine unterschiedliche Intensität haben, je nach der augenblicklichen Intensität der Lebenskraft. Auf Fotografien, die man von jemandem vor und nach dem Meditieren machte, konnte man sehen, daß die Aura vor der Meditation getrübt und nicht sehr hell, danach aber klar und von strahlendem Licht umgeben war.

C. W. Leadbeater, ein vor Jahren verstorbener bekannter Theosoph, zeigt in seinem Buch *Man Visible and Invisible* in vielen Farbabbildungen die menschliche Aura, wie sie einzelne Hellseher wahrgenommen haben. Die Bilder lassen erkennen, wie wir unsere Aura durch unsere Emotionen und Gedankenmuster beeinflussen. Schwarz beispielsweise zeigt Haß und Boshaftigkeit, rote Blitze auf schwarzem Grund werden durch Zorn erzeugt, und graue Zickzacklinien, die einen Menschen umgeben, deuten Angst an. Gelb, das im Kopfbereich dominiert, weist auf Intellektualität hin, und Gold, das oberhalb des Kopfes ausstrahlt, ist ein Hinweis auf Spiritualität und Weisheit. Strahlendes Blau zeigt Hingabe an ein hohes Ideal, der Geizhals hat braune Linien um seine Aura, und ein Mensch, der unter Depressionen leidet, ist von schwarz-braunen lichtenergetischen Linien umgeben.

Die Aura eines hochentwickelten spirituellen Wesens strahlt die drei Primärfarben Rot, Gelb und Blau aus, wobei das Rot sich in das Rosa der universellen Liebe verwandelt hat, die Weisheit sich in goldenen Strahlen rings um den Kopf zeigt und die Demut und Hingabe an Gott durch blaues Licht. Ich habe die Abbildung der Aura eines verliebten Menschen gesehen; sie strahlte in wunderschönen Farben, doch um die Füße und Beine lagen düstere Schatten. Es ist, als sei ein Mensch in diesem Zustand für eine Weile »entflammt« oder »erleuchtet«, wobei aber allmählich die alltäglichen Farben wieder zurückkehren. Sie sind dann allerdings nicht mehr so gedämpft oder verdüstert wie zuvor, da wir unsere Aura immerzu durch Erfahrungen farblich verändern. Die großen Meister strahlen alle Farben wie ein helles, ins Weiß gehende Licht aus, das sich über mehrere Kilometer ausbreiten kann.

Es scheint ziemliche Übereinstimmung zwischen den Hellsichtigen über das Geschehene zu bestehen, doch die Genauigkeit der Wahrnehmungen wird immer vom Grad des spirituellen Bewußtseins des Betreffenden abhängen. Die Fähigkeit zum Hellsehen liegt in uns allen, doch sie muß auf natürliche Weise entwickelt werden, man kann sie nicht erzwingen. Menschen, die mit Drogen experimentiert haben, sind dadurch vielleicht zu Einblicken in andere Wirklichkeiten gekommen, haben durch dieses Erlebnis aber die ätherische Hülle durchbrochen, die den Körper wie ein Schutzschild umgibt. Sie müssen durch besondere Methoden geheilt werden, da sie sonst zu offen sind für unerwünschte geistige Einflüsse.

Die sieben Farben, die wir durch ein Prisma sehen, sind auch die Farben der Aura. Ist jemand gesund, sind auch die Farben leuchtend und voll Energie; sind sie getrübt, fühlen wir uns »ausgelaugt«. Von manchen Menschen sagt man auch, sie seien »farblos«. Solche Ausdrucksweisen verraten oft viel. Wenn wir alle irgendwann einmal diese Farben der Aura bei anderen Menschen wahrnehmen können, werden wir auf Handlungen, Gedanken und Gefühle mehr achten, da durch die Aura alles sichtbar wird. Im Augenblick ist es noch so, daß wir oft intuitiv spüren, wenn irgend etwas nicht stimmt; wir stellen uns dann auf die Aura ein, ohne es zu merken. Je sensitiver wir sind, desto bewußter können wir uns auf diese Energien einstimmen. Wir bestehen aus soviel mehr als dem unmittelbar Sichtbaren, wir sind Körper, Seele und Geist.

Im kommenden Wassermann-Zeitalter wird man erkennen, welch geistige Fähigkeiten wir haben, denn bis heute nutzen wir nur einen sehr geringen Teil davon. Es wird uns allmählich immer bewußter, welche Auswirkungen unsere geistige Haltung auf unsere Gesundheit und unsere äußeren Lebensumstände hat. Was wir denken, sind wir. Machen Sie folgendes Experiment: Schreiben Sie einen Monat lang auf, was Sie denken, planen und erwägen, und prüfen Sie dann nach, was sich davon verwirklicht hat; durch unser Denken können wir Dinge anziehen oder abstoßen, und das geschieht dauernd, auch wenn es unbewußt ist. Deshalb ist es so wichtig, daß wir uns dessen, was wir sagen und tun, bewußt werden.

In der Sowjetunion werden Millionenbeträge zur Erforschung paranormaler Phänomene ausgegeben. Man ist dort dem Westen weit voraus; es ist zu hoffen, daß dieses Wissen Allgemeingut wird und daß man es zum Wohl der Menschheit anwendet. Im Westen hat man eine Methode entwickelt, wie man sich selbst positiv und strahlend visualisieren kann, was eine sehr wertvolle Übung ist, da die meisten Krankheiten sich zunächst auf geistiger Ebene manifestieren. Man hat festgestellt, daß etwa siebzig Prozent aller Krankheiten psychologische Ursachen haben (also Reaktionen auf äußere Ereignisse sind), daß zwanzig Prozent auf Infektionen, falsche Ernährung und zu wenig körperliche Bewegung zurückgehen und zehn Prozent auf Schocks, Drogen und Operationen.

Seien wir uns also bewußt, daß alles in der Natur seine eigene Aura und Atmosphäre hervorbringt, daß wir alle ein energetisches Magnetfeld haben, dem wir selbst die Kraft nehmen, wenn wir emotional unglücklich sind. Die Farben, die uns umgeben, sind unsere Gedanken, Gefühle, unser Charakter und unser Gesundheitszustand. Wenn wir Erkenntnisse über die Farbstrahlen gewinnen und sie mit ihren positiven Wirkungen in Verbindung bringen, können wir unsere innere Verfassung verändern, und dadurch verändern sich auch unsere äußeren Lebensumstände.

Jede Farbe hat Bezug zu einer anderen Daseinsebene (siehe folgende Abbildung).

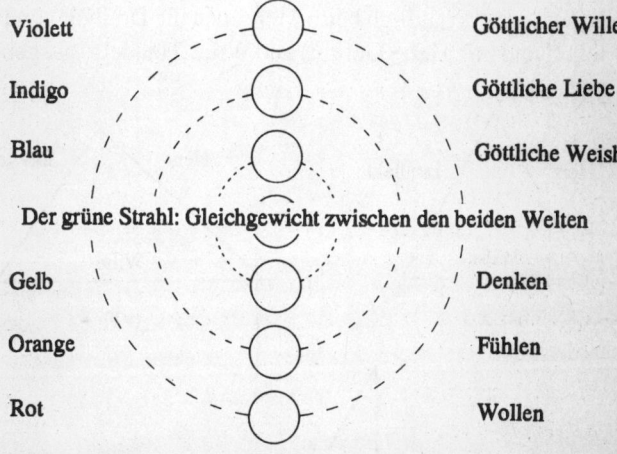

Höher entwickelte Natur des Menschen

Violett	Göttlicher Wille
Indigo	Göttliche Liebe
Blau	Göttliche Weisheit

Der grüne Strahl: Gleichgewicht zwischen den beiden Welten

Gelb	Denken
Orange	Fühlen
Rot	Wollen

Weniger entwickelte Natur des Menschen

Die Kreise symbolisieren die sieben Chakras oder Energiezentren des Menschen.

»Wie oben, so unten«, sagt ein uraltes Gesetz, und wie wir auf der Abbildung sehen, ist das Untere mit dem Oberen verbunden. Der rote Strahl hängt auf der physischen Ebene mit Willen und Kraft zusammen; sein Gegenstück ist der violette Strahl des göttlichen Willens. Der orangefarbene Strahl, der mit unseren persönlichen Gefühlen und Wünschen zu tun hat, steht in Beziehung zum indigofarbenen Strahl der göttlichen Liebe. Gelb hat, im unteren Bereich, mit unserem Verstand und Intellekt zu tun, im oberen Bereich steht Blau für intuitive Erkenntnis oder göttliche Weisheit. Die beiden Aspekte unserer Natur, der niedrigere und der höhere, sind ein Abbild unseres Daseins in der himmlischen und irdischen Welt. Sehr anschaulich sind diese Dinge in dem Buch *The Second Birth* von Omraam Mikhaël Aïvanhov, einem großen Eingeweihten, dargelegt. Anhand der folgenden Darstellung veranschaulicht er, wie unterschiedlich beim Menschen die Dreiheit von Intellekt (Denken), Herz (Gefühl) und Wille (Handeln) ausgebildet sein kann.

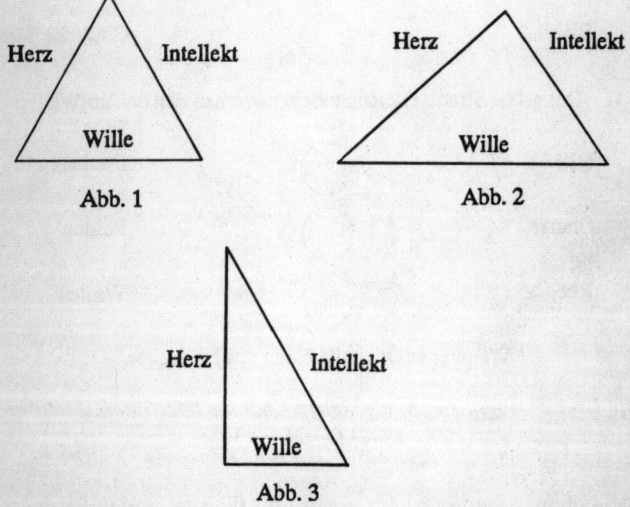

Das gleichseitige Dreieck ist das Symbol eines Menschen, dessen Intellekt, Herz und Willen in einem vollkommen ausgeglichenen Verhältnis zueinander stehen (Abb. 1). Diese Harmonie ist sehr selten, und die meisten Menschen müßten durch Dreiecke dargestellt werden, deren Seiten ungleich sind.

So ist bei manchen Menschen der Wille stärker entwickelt (Abb. 2); es fällt ihnen leicht, die Ideen anderer umzusetzen. Abb. 3 symbolisiert einen Menschen, bei dem vor allem der Intellekt, aber auch das Herz stärker entwickelt sind als der Wille; sie reflektieren und analysieren also hauptsächlich und sind zudem sehr empfindsam; wenn es jedoch darum geht, zu handeln oder etwas zu verwirklichen, brauchen sie jemanden, der ihnen hilft oder es für sie tut.

Durch vertiefte Selbsterkenntnis kann in uns der Wunsch entstehen, uns zu verändern und bestimmte Eigenschaften zu entwickeln. Die Eigenschaften einzelner Farben können uns dabei eine Hilfe sein. Einige dieser Eigenschaften seien hier aufgezählt.

Rot: Mut, Ausdauer, Güte, Liebe
Orange: Reinheit, Heiligkeit
Gelb: Weisheit, Erkenntnis, Urteilskraft
Grün: Mitleid, Verständnis, Freundlichkeit, Großzügigkeit, Bescheidenheit
Blau: Glaube, Vertrauen (aber auch Loyalität und Integrität wie Indigo)
Indigo: Loyalität, Integrität (und Glaube und Vertrauen wie bei Blau)
Violett: Opferbereitschaft, Selbstlosigkeit

Wenn Sie sich nun mit der Schwingung einer Farbe in Einklang bringen wollen, so sollten Sie sie tragen, in Ihren Gedanken bewegen und einatmen (siehe Kapitel »Atmen mit Farben«). Bemühen Sie sich, die positive Eigenschaft dieser Farbe zu leben. Sie werden feststellen, daß Sie nach einigen Monaten immer mehr in Einklang mit dieser Farbe kommen, ihre Eigenschaften immer besser kennenlernen und dadurch in

Ihrer Schwingung bleiben. Wenn Sie aufhören, sich mit der Farbe zu umgeben und zu beschäftigen, wird sie nach einiger Zeit in Ihrer Aura verblassen, ebenso wie sie für bestimmte Menschen in Ihrer Aura sichtbar ist, solange Sie mit der Schwingung verbunden bleiben.

Wir nehmen die Farben durch unsere ätherische Aura auf, die Matrix des physischen Leibes. Im Ätherleib befinden sich die Energiezentren, die Chakras, die in der Form von Lotusblüten wahrgenommen werden. Man spricht vor allem von den sieben Hauptzentren, denen je eine Farbe zugeordnet ist (siehe Abbildung auf Seite 25); sie stehen in Verbindung mit den wichtigsten Drüsen des Körpers, die durch sie beeinflußt werden. **Rot** im untersten Zentrum aktiviert die Nebennieren. Die Adrenalinausschüttung wird verstärkt. Wenn beispielsweise ein Kind über die Straße und vor einen Bus läuft, überlegen wir nicht lange, sondern laufen ihm sofort nach. Rot stimuliert auch unsere Emotionen und sexuellen Reaktionen. **Orange** steht mit der Milz in Zusammenhang. Es wirkt auf die Geschlechtsdrüsen und unterstützt die Umwandlung von Sauerstoff und den Atmungsprozeß. **Gelb** stimuliert den Solarplexus, das Zentrum des Nervensystems, und wirkt zudem auf Pankreas, Leber und Milz. **Grün** stimuliert die Thymusdrüsen und das Herzzentrum und hilft uns, unsere Emotionen in inneres Gleichgewicht zu bringen. **Blau** wirkt auf das Kehlkopfzentrum und die Schilddrüse, es hat eine beruhigende und kühlende Wirkung auf den ganzen Körper und ist deshalb ein gutes Antiseptikum. **Indigo** ist die Farbe des Stirnzentrums und **Violett** die Farbe des Scheitelzentrums; beide Zentren beeinflussen die seelische Entwicklung und stehen in Verbindung mit der Hypophyse und der Zirbeldrüse.

Die alten Mysterienschulen sprachen von den sieben Farben als den »sieben Geistern vor dem Thron Gottes«:

Der **rote** Strahl	Geist des Lebens
Der **orangefarbene** Strahl	Geist der Gesundheit und Reinheit
Der **gelbe** Strahl	Geist der Weisheit und des Wissens
Der **grüne** Strahl	Geist der Evolution
Der **blaue** Strahl	Geist der Wahrheit
Der **indigofarbene** Strahl	Geist der Intuition
Der **violette** Strahl	Geist des Opfers und der hohen Ideale

Die Aura ist wie eine schützende Hülle für uns. Wir müssen mit ihr arbeiten und sie stärken durch das Rot des Lebens, das Orange der Gesundheit, das Gelb der Weisheit, das Grün der Harmonie, das Blau der Inspiration, das Indigo der Intuition und das Violett der spirituellen Energie. Vor allem aber sollten wir nach dem weißen Licht streben, das alle Farben in sich vereint und das uns ernährt und erhält. Wir sehen es schon an einer Pflanze: Wenn wir sie ins Dunkle stellen, wird sie verkümmern und sterben.

Die beste Zeit des Tages, um diese Lichtenergien aufzunehmen, ist der Morgen mit dem Sonnenaufgang. Wir wissen, jeden Tag wird uns die Sonne das Licht des Tages bringen, und jeden Tag ist der Sonnenaufgang ein wenig anders. Wir sollten uns mit der Sonne verbinden, Gott für jeden Tag danken und darum bitten, daß wir durch die Farbstrahlen erhoben und inspiriert werden. Die Energien sind zu dieser Tageszeit reiner und leuchtender als zu jeder anderen Zeit. Tiere, die in der Natur leben, reagieren sehr sensibel auf den Sonnenaufgang. Viele von ihnen erwarten ihn schweigend und begrüßen ihn dann mit Jubellauten.

Die meisten Menschen sind sich heute der Bedeutung des Lichtes und der Farbstrahlen nicht mehr bewußt; sie sind zumeist auf die materiellen Dinge konzentriert und staunen nicht mehr über das Wunder der Lebenskraft, die alles wachsen und gedeihen läßt. Sie müssen sich wieder mit der Natur verbinden lernen und jeden Tag für das Licht, das Leben und die Wärme danken, die das Sonnenlicht uns unaufhörlich spendet.

Die Psychologie der Farben

Die ganze Natur offenbart die Qualität der Farben. Im Frühling sehen wir vorwiegend Grün und Gelb, alles erwacht, sprießt und wächst. Diese Frische und Lebendigkeit spüren wir nur zu dieser Jahreszeit. Wenn in der Natur die Säfte steigen, haben auch wir mehr Energie, wir fühlen uns jung und lebendig, es liegt etwas Erwartungsvolles in der Luft, goldgelbe Schmetterlinge in Gärten und Feldern sind Boten des Frühlings, unser Bewußtsein erweitert sich, neue Ideen fließen uns zu. Die blauen Blumen im Wald erfrischen unsere Seele; wir möchten zu neuen Horizonten aufbrechen. Wir atmen die frische Luft tief ein und sehnen uns nach Weite, denn wir wissen, daß ein neuer Zyklus begonnen hat.

In den Sommermonaten nehmen wir eine Fülle von Farben wahr, die Natur hat ihr strahlendstes Kleid angelegt, und aus den Gärten grüßen uns die vielfarbigen Schwingungen der Blumen. Welch herrliche Töne haben allein die roten und rosafarbenen Blüten, die wir mit der Liebe assoziieren. Und welch herrliche Farben und Formen entfaltet der Rittersporn, der so majestätisch in den Gärten Englands steht; wie schön ist das Blau der Vergißmeinnicht, wie leuchtend sehen uns die Gesichter der Stiefmütterchen an. Namen und Farben sprechen eine eigene Sprache. Die Natur enthüllt sich in ihrer ganzen Herrlichkeit, die Farben und Düfte des Hochsommers haben etwas Betäubendes. In den Sommermonaten fühlen wir uns leichter, heller und in jeder Hinsicht wohler.

Der Herbst ist eher eine besinnliche Zeit. Er übermalt die ganze Natur mit sanften Goldtönen; nun zieht sich allmählich das Leben nach innen, um einen neuen Zyklus zu beginnen. In den

Herbst- und Wintermonaten kehrt das Gleichgewicht des Lebens zurück. Es erneuert sich. Bevor die Blätter fallen, dominieren die goldbraunen Töne. Die immergrünen Bäume wirken als Ausgleich in der Natur, und so sind Rot, Grün, aber auch Violett im Winter wichtige Farben. Der rote Strahl erneuert die Lebensenergie, Violett reinigt und befreit von allem Überfluß.

Besonders an Weihnachten sind die Farben Rot und Grün dominierend. Der rote Strahl symbolisiert die Liebe, der grüne Energie oder Geld, und so ist es auch die Zeit, in der wir schenken und beschenkt werden. In vielen Ländern der Erde holt man sich einen Christbaum ins Haus, den man mit Kerzen und bunten Dingen schmückt. Dieser Lichterbaum bringt uns etwas von der Wärme und Farbigkeit, nach denen wir uns an den kurzen Wintertagen sehnen. Es ist eine Zeit des Lichtes, der Liebe und Freundschaft, in der der rote Strahl, der Geist des Lebens, dominiert (auf den wir uns jedoch das ganze Jahr einstimmen sollten, um Liebe und Wärme in die Welt ausstrahlen zu lassen).

In den Wintermonaten zieht sich das Leben nach innen zurück und bereitet sich auf den Frühling vor. Außer dem Grün-Rot der Christrosen und der Stechpalmen dominiert jetzt auch die weiße Farbe. In diese Zeit gehören der Mistelzweig mit seinen weißen Beeren und die weiße Christrose; auch eine der ersten Blumen, die den Frühling ankündigen, ist weiß – das Schneeglöckchen, das aus der harten Erde hervorbricht und dessen vollkommen gestaltete, glöckchenförmige Blüten einen köstlichen Duft verströmen. Es ist ein Symbol dafür, daß wir in einer schweren Zeit innerlich wachsen und uns entwickeln; das läßt sich auch an unserer Aura ablesen, deren Farben dann stärker leuchten.

Das Leben besteht aus einem Rhythmus von Tag und Nacht, Einatmen und Ausatmen, Nehmen und Empfangen auf allen

Daseinsebenen; doch weil das Gefühl für diese Rhythmen heute verlorengegangen ist, herrscht überall Chaos. Die Natur ist unser bester Lehrer; wir sollten uns ihr wahrnehmend und reflektierend zuwenden und mit ihren Energien arbeiten anstatt gegen sie.

Normalerweise tragen wir im Frühling hellere Farben als im Winter, doch wir müssen uns als Menschen nicht darauf beschränken, die Natur nachzuahmen, sondern können sie auch ergänzen. Dazu ist es wichtig, die Bedeutung der Farben und ihre Wirkung auf uns zu kennen. Die Modewelt hat eine große Verantwortung für die Farben, die sie wählt; merkwürdigerweise sind es sehr oft Schwarz, Braun und Grau. Damit wir die tiefere Bedeutung auch dieser Farben kennenlernen, möchte ich zunächst dazu etwas sagen.

Schwarz

Schwarz ist selbst keine Farbe, aber es verstärkt die anderen Farben. Verbindet man beispielsweise Rot mit Schwarz, so gibt es dem Rot mehr Kraft und wirkt physisch stärkend. Wenn man Schwarz mit Rosa trägt, intensiviert das die sozialen Kräfte, und Schwarz mit Gelb zusammen stärkt den Intellekt. Die meisten Menschen haben die Farbe Schwarz nie wirklich verstanden. Sie ist mit dem Geheimnisvollen und Unbekannten verbunden. Wenn wir in der Bibel davon lesen, daß Gott sprach: »Es werde Licht«, so kam das Licht aus der Dunkelheit, ebenso wie der Same in der dunklen Erde liegen muß und ein werdender Mensch in der Dunkelheit des Mutterleibes. Am Anfang des Lebens steht also dieses Dunkle, aus dem das neue Leben entsteht und ans Licht kommt. Auch die dunklen Zeiten eines Menschen dienen dazu, daß er sich verwandelt und auf eine neue Bewußtseinsebene gelangt.

Schwarz ist das unmanifestierte Licht. Das Potential dessen, was werden kann, ist schon vorhanden, doch es bedarf des Lichtes, um zu wachsen. Wir hingegen assoziieren mit Schwarz vor allem Depression, düstere Stimmungen, Verzweiflung, Schwarze Magie, dunkle Punkte in unserer Seele. Doch was sich im Dunklen verbirgt, muß nicht böse oder falsch sein, sondern kann auch Liebe und Schönheit sein, die nur darauf wartet, sich zu entfalten. Die Viktorianer assoziierten Schwarz mit dem Tod und trugen schwarze Kleidung zum Gedenken an die Verstorbenen. Die meisten von ihnen glaubten nicht an ein Leben nach dem Tod und verstärkten diese traurigen Vorstellungen vor dem endgültigen Ende, indem sie sich ganz vor der Welt verschlossen. Viele Menschen pflegen diese Tradition noch heute. Doch die Menschen, die »gestorben« sind, wurden in die geistige Welt wiedergeboren, und wir werden mit denen, die wir geliebt haben, eines Tages wieder vereint werden. Sie wollen nicht, daß wir trauern, sondern daß wir uns ganz dem Leben zuwenden. Wenn wir an die Natur denken, so sehen wir, daß nichts wirklich stirbt, sondern daß alles nur seine äußere Form verändert. Die Menschen, die in Orden leben und schwarze Kleidung tragen, wollen damit symbolisieren, daß sie die weltlichen Versuchungen von sich weisen, doch auch sie müssen sich irgendwann mit ihnen auseinandersetzen und sie verwandeln.

Wenn wir mehr über die Farbschwingungen erfahren, werden wir uns eines Tages wundern, daß wir überhaupt je Schwarz getragen haben. Wenn sich eine Frau heute schwarz kleidet, so möchte sie zeigen, daß sie stark ist und geheimnisvoll bleiben will. Auch ist sie auf der Suche nach ihrer eigenen Individualität. In der Kleidung der Männer sehen wir vor allem im Alltag inzwischen mehr Farbigkeit, und das wird mit der Zeit noch zunehmen. Erst wenn wir Mut zur Farbe haben, können wir unser wahres Selbst zeigen.

Braun

Braun ist verbunden mit der Mutter Erde. Wir assoziieren diese Farbe mit den beständigen, sicheren und dauerhaften Dingen. In der Aura hat sie mit dem Rückzug der Energien zu tun. Die braune Farbe läßt uns in den alten Mustern verharren, doch selbst die Erde macht heute mit der immer schneller werdenden Entwicklung große Veränderungen durch. Das beginnende Wassermann-Zeitalter fordert, daß wir die alten Muster aufgeben und flexibler werden, um überleben zu können, denn das nächste Jahrhundert wird noch größere Veränderungen mit sich bringen und mehr Bewußtsein für den Sinn unseres Daseins verlangen. Ein Aspekt der Farbe Braun ist auch, daß sie uns hilft, praktischer zu denken und mit den irdischen Dingen maßvoller umzugehen. Als natürliche Tönung des Holzes ist Braun eine schöne Farbe für Möbel; die Entwicklung geht jedoch dahin, daß immer hellere Töne vorgezogen werden.

Grau

Grau ist die Farbe der Selbstverleugnung, aber auch die Farbe der Angst, die viele Menschen davon abhält, ihr wahres Selbst auszudrücken. Die Menschen sind heute unendlich vielen Ängsten ausgesetzt. Wenn der Himmel grau ist, fühlen wir uns niedergedrückt, und jemand, der viel Grau trägt, wirkt unzugänglich; früher trugen oft Lehrer und andere Autoritätsfiguren Grau, um dadurch Furcht einzuflößen.

Wenn Grau mit anderen Farben vermischt wird, können diese es reinigen; graue Töne, die ins Taubenblau spielen, können sehr schön sein, doch man sollte sich gut überlegen, ob man Grau tragen will, vor allem wenn man ein ängstlicher Mensch ist.

Silbergrau wird, wie Gold, mit Geld assoziiert, was sich mit wachsendem Bewußtsein der Menschen allerdings ändern könnte.

Die Farben des Spektrums durchlaufen einen Vierundzwanzig-Stunden-Zyklus. Das Sonnenlicht ist so hell, daß wir die einzelnen Farben nicht unmittelbar wahrnehmen können, doch es ist wissenschaftlich erwiesen, daß Gelb am Vormittag am stärksten in Erscheinung tritt, am Nachmittag Orange, am Abend Rot und nach dem Sonnenuntergang Violett; um Mitternacht haben wir Indigo, in den frühen Morgenstunden Blau, gefolgt von Grün, das dann wieder in den gelben Strahl übergeht. Es wird eine Zeit kommen, in der wir uns auf diese kosmischen Strahlen einstimmen und uns durch sie unterstützen lassen, ob wir nun arbeiten, schöpferisch sind, Dinge zu unserem Vergnügen tun oder uns ausruhen. Wir haben unseren Rhythmus verloren und empfinden uns nicht mehr wie die Alten als Teil der Natur; sie gingen schlafen, wenn die Sonne unterging, und standen mit dem Sonnenaufgang auf.

Wenn wir uns am Morgen erheben, sollten wir uns in den **gelben Strahl** versenken, der uns helfen kann, unsere höheren geistigen Fähigkeiten zu stimulieren; es ist eine gute Zeit, um sich mit den praktischen Notwendigkeiten des Tages und intellektuellen Aufgaben zu beschäftigen. Der expansive gelbe Strahl unterstützt das klare, logische Denken, er öffnet unser Bewußtsein für neue Ideen und Interessen. In der Zukunft werden die Menschen Erziehung und Lernen nicht mehr als etwas betrachten, das man als Notwendigkeit in der Schule absolviert, sondern es als Lebensprozeß sehen, der immer komplexer wird. Man wird sich auch intensiver mit Psychologie beschäftigen und zu einem viel tieferen Verständnis der menschlichen Natur kommen.

Ein lebendiger Geist langweilt sich nie. Wir alle brauchen

vielfältige Interessen und Pläne, um wirklich mitten im Leben zu stehen. Gerade wenn man älter wird, stagniert man leicht, wenn man nicht viele Interessen hat und nicht außerhalb des Familienkreises versucht, sich für die Gemeinschaft einzusetzen. Der gelbe Strahl hilft uns, neue Horizonte zu entdecken, das Leben anregend zu finden und sich daran zu erfreuen. Wenn Sie Ihr Leben im Augenblick als leer empfinden, so sollten Sie sich auf den gelben Strahl einstellen, und Sie werden merken, daß Ihnen auf einmal die Ideen zuzufließen beginnen. Handeln Sie nach diesen Ideen, warten Sie nicht ab, daß irgend etwas geschieht, sondern verwirklichen Sie die Dinge selbst.

Gelb enthält viele Abstufungen: Ein helles Gelb steht für einen klaren Verstand, der die Fähigkeit hat, Fakten zu verarbeiten, während ein kräftigeres Gelb noch umfassendere intellektuelle Fähigkeiten anzeigt. Mit solchen Menschen sollte man nicht argumentieren, denn sie haben meistens sehr bestimmte Ansichten; man sollte sie nur bitten, diese genauer zu differenzieren. Die dunkleren Töne des gelben Spektrums haben mehr mit einer gewissen Eitelkeit des Ego zu tun, auch Feigheit kann damit verbunden sein. Wenn das Gelb zu Goldgelb wird, bedeutet das nicht nur Wissen, sondern Weisheit. Doch diese Weisheit kann nur durch Erfahrung, nicht durch denkerische Anstrengung gewonnen werden. Goldgelb beginnt zu leuchten, wenn wir uns einer höheren Intelligenz zuwenden und um die Weisheit bitten, uns richtig zu entscheiden. Wir alle haben ein höheres Selbst, das Teil Gottes ist, doch wir werden nur zum Goldgelb kommen, wenn wir bescheiden sind und uns diesem höheren Selbst anvertrauen.

Im gelben Strahl liegt auch etwas vom konstruktiven Orange und vom ausgleichenden Grün. Im Augenblick verhalten wir uns der Natur gegenüber sehr destruktiv und bedürfen des Grüns zum Ausgleich.

Wenn die Sonne den Zenit durchlaufen hat, herrscht der **orangefarbene Strahl.** Es ist die Farbe der Vitalität, der Bewegung und der Aktivität in allen Formen, die darauf hinweist, wie wir uns in Arbeit und Spiel ausdrücken. Es ist der Strahl der Freude, des Wohlgefühls, der Gemeinsamkeit, eine Zeit konstruktiver geistiger und physischer Energie. Wenn wir schöpferisch sind, lernen wir die wahre Freude kennen. Dann bedeutet uns die Zeit nichts mehr, und wir sind ganz versunken, als wären wir in einer anderen Welt. Wir sollten am Nachmittag schöpferisch sein, unser Innerstes ausdrücken, das tun, was uns Freude macht, einfach wir selbst sein, eine Fähigkeit, die uns heute verlorengegangen ist. In uns allen ist ein Künstler verborgen, ob Schauspieler, Sänger, Bildhauer, Maler oder Dichter. Von Natur aus wurden wir alle dazu bestimmt, schöpferisch zu sein, erkennen es aber nicht. Deshalb sind die Menschen heute so oft frustriert. Wer seine schöpferischen Fähigkeiten nicht nutzt, stagniert, er lebt in Disharmonie und wird krank.

Drei der wichtigsten Bereiche, in denen wir künstlerisch arbeiten sollten, sind Farbe, Klang und Bewegung. In ihnen liegt der Schlüssel zu unserem Wohlbefinden. Durch die Farbe beginnen wir Energien und Schwingungen und ihre Wirkung auf uns und das gesamte Leben zu verstehen. Alles auf dieser Erde besteht aus Lichtschwingungen. Klänge, wenn man sie hellsichtig wahrnehmen kann, bestehen aus intensiven Farben; sie können therapeutisch eingesetzt werden und entweder beruhigend oder anregend wirken. Wenn Sie in Zukunft ein Musikstück hören, sollten Sie einmal deutlich zu spüren versuchen, welche Wirkung es auf Sie ausübt. Langsame Musik wird mit Blau assoziiert und schnelle Musik mit Rot. Die hohen Töne entsprechen hellen Farben und die tiefen dunklen Farben.

Dr. Peter Guy Manners von der Bretforton Hall Clinic ist ein

Pionier im Bereich des Heilens mit Klang und Farbe. Einmal fragte er auf einem Kongreß, ob jemand unter den Zuschauern Arthritis in den Händen habe. Es meldete sich eine Frau, deren Finger vollkommen verkrümmt waren, so daß er sie nicht öffnen konnte. Er bat sie, während seines Vortrags ein Gerät in der Hand zu halten, das an einige Instrumente angeschlossen war. Es übertrug eine Energiefrequenz in ihre Hand. Am Ende seines Vortrags konnte sie, zum Erstaunen aller Anwesenden, diese Hand öffnen. Ihre gestaute Energie war befreit und ihre Frequenz verändert worden. Der Klang kann auf vielfältige Weise zum Heilen eingesetzt werden; man entdeckt heute alte Methoden wieder und wendet sie bereits in einigen Krankenhäusern an.

Bewegung bedeutet nicht notwendigerweise Sport; auf jeden Fall aber brauchen wir alle irgendeine Form von körperlicher Übung, um in Harmonie zu bleiben. Gehen oder Schwimmen sind beinahe für jeden gut. Heute beschäftigt man sich an vielen Orten auch wieder mit Sacred Dance, einer meditativen Form des Reigentanzes, bei der es darauf ankommt, die tiefere Bedeutung der Bewegungen zu erfassen. Er geht auf die Tanzformen alter Kulturen zurück und wurde früher nur in den Mysterienschulen und Heiltempeln gelehrt. Es ist eine ganzheitliche Bewegungskunst, bei der Körper, Seele und Geist gleichermaßen beteiligt sind.

Menschen, die sich gern bewegen und Sport treiben, sind auf den orangefarbenen Strahl eingestimmt; es macht ihnen Freude, sich bis zur Erschöpfung »auszutoben«. Diese Farbe gibt Selbstvertrauen und Unabhängigkeit, und Kinder, die sich von ihr angezogen fühlen, werden gewöhnlich relativ früh reif. Orange befreit von vergangenen Konditionierungen und trägt dazu bei, sich von Einschränkungen frei zu machen. Es ist eine Farbe, die bei geistigen Krankheiten helfen, die von Depressionen befreien und durch die man Frustrationen und Ängste überwinden kann. Der orangefarbene Strahl umfaßt das Rot der Liebe und das Gelb der Weisheit. Die Weisheit ist ein gutes Gegengewicht in der Gefahr, zuviel Selbstvertrauen und Stolz zu haben oder sich allzu gern zur Schau zu stellen – einige der negativen Aspekte dieser Farbe. Die helleren Töne des orangefarbenen Strahles sind sehr kreativ und schönheitsliebend. Wenn Sie die Pfirsich- oder die Aprikosenfarbe anziehen, malen oder entwerfen Sie wahrscheinlich gerne und lieben es, beim Kochen eigene neue Rezepte zu erfinden.

Der Lachston des orangefarbenen Strahles weist auf einen Menschen hin, der vielleicht in vielen Komitees arbeitet und sich gerne sozial engagiert. Es ist ihm ein Bedürfnis, sich um andere zu kümmern und seine Energien auf konstruktive Weise einzusetzen. Die dunkleren Schattierungen von Orange kennzeichnen einen Menschen, der dazu neigt, sich an andere anzulehnen, und der recht destruktiv sein kann.

Am Abend dominiert der **rote Strahl.** Manchmal können wir einen wunderschönen Sonnenuntergang sehen, der uns innerlich wunderbar erwärmt; der rote Strahl erneuert die Energie der Erde für den kommenden Tag. Der Blick durch ein Prisma zeigt, daß der rote Strahl besonders kräftig und tiefer leuchtet als die anderen Farben. Wir müssen uns mit dem roten Strahl erden, sonst laufen wir Gefahr, mit dem Kopf in den Wolken zu sein und mit dem Leben auf der Welt Schwierigkeiten zu haben. Der rote Strahl gibt Mut, wenn wir uns schwach fühlen, er stärkt uns. Wenn man dazu neigt, sich viele Sorgen zu machen, sollte man an Rot denken, denn damit kann man negative Gedanken überwinden. Wir assoziieren Rot mit Wärme; diese Farbe aktiviert unsere Emotionen, unsere sexuellen Bedürfnisse. Wenn jemand zornig wird, sagt man von ihm, er sieht rot. Rot ist vor allem die Farbe des Lebens – denken wir nur an unser Blut. Herzbeschwerden werden durch blockierte Emotionen erzeugt, deshalb sollte man versuchen, seine Emotionen auszudrücken, denn eine Unterdrückung kann zu dauerhaften Herzschäden führen. Der rote Strahl ist für solch einen Menschen zu stark und wird das Herz überaktivieren; für ihn ist der im Rot enthaltene rosafarbene Strahl, der Strahl der göttlichen Liebe, am besten geeignet. Auch für Menschen, die allein leben, ist er eine Hilfe; da es für sie besonders schwierig ist, die Liebe im Fluß zu halten, sollten sie übrigens zumindest ein Haustier haben.

Rot enthält am meisten Energie, es ist der Strahl des Willens, der Entschlossenheit, Erfolg zu haben und Gutes zu tun; die dunkleren Rottöne können aber auch auf Selbstmitleid und eine gewisse Rücksichtslosigkeit hinweisen. Menschen, die sehr heftig reagieren, sollten an Rosa denken, damit sich ihr Zorn auflöst. Wenn wir Schuldgefühle haben, müssen wir uns selbst vergeben, uns und andere lieben und dadurch von innen heraus frei von diesen Gefühlen werden. Das ist natürlich sehr schwierig, doch die Arbeit mit dem rosafarbenen Strahl der Liebe kann dabei helfen. Wenn man daran glaubt, schon einmal auf der Erde gelebt zu haben, können Schuldgefühle manchmal aus vergangenen Leben herrühren und sehr tief sitzen. In solchen Fällen kann auch ein Hypnotherapeut sehr hilfreich sein. Liebe ist der größte Heiler, sie vereinigt und bringt Harmonie; der rosafarbene Strahl symbolisiert bedingungslose Liebe, wie sie eine Mutter für ihr Kind empfindet. Schwangere Frauen haben oft eine besondere Ausstrahlung, die vom rosafarbenen Strahl getönt ist. Wenn wir uns mit Rosarot beschäftigen, werden dadurch alle anderen Farben in unserer Aura beeinflußt. Rosarot ist die Farbe, die die menschliche Liebe in eine reine spirituelle Kraft verwandelt; wenn man an einen Menschen oder an ein krankes Tier »in dieser Farbe denkt«, werden sich seine Verhältnisse bessern. Wenn man sich bei einem Streit den anderen in rosafarbenes Licht gehüllt vorstellt, werden sich die Wogen legen und der Streit aufhören. Man mag dann immer noch verschiedener Ansicht sein, doch die Diskussion ist längst nicht mehr so hitzig. Rosarot kann alle negativen Bedingungen einer Situation verwandeln, und deshalb brauchen wir diese Farbe heute sehr.

Durch die Vermischung mit Rosa wird das Rot gereinigt und man selbst maßvoller. Wenn man dieser Farbe Grün hinzufügt, drückt sie die Liebe Gottes durch Frieden, Stille und Ruhe aus. Goldrosa hat eine sehr hohe Schwingung und sollte nur angewandt werden, wenn man der göttlichen Liebe bedarf. Eine Fülle von Goldrosa wird die verschiedensten Zustände heilen und harmonisieren und sich über einen ergießen wie ein heiliger Regen, in dem sich göttliche Liebe mit Weisheit vermischt. Die göttliche Gnade ist ein Aspekt des roten Strahles der Liebe und des Willens. Wenn wir sie dankbar aufnehmen, wird das weiße Licht, das sich durch den roten Strahl in uns ergießt, uns von allem Alten reinigen und befreien und uns helfen, einen neuen Anfang zu machen in dem Bewußtsein, daß wir spirituelle Wesen sind, die in einem spirituellen Universum leben.

Rosa wärmt und beruhigt, vor allem aber erhöht es unsere Schwingung. Es ist für Menschen, die es empfangen, ebenso ein Segen wie für die, die es in Gedanken, Worten und Taten ausstrahlen.

Vom roten Strahl des Abends kommen wir nun zum violetten. Das **Violett** umfaßt viele Töne: Lavendel, Purpur, Amethyst; sie alle haben verschiedene Frequenzen und unterschiedliche Qualitäten. Violett selbst ist eine Kombination von Rot und Blau, es ist die Farbe der Verwandlung, in der die niedrigeren Begierden in höhere Ideale transformiert werden. Dieser Strahl wird auch der Opferstrahl genannt, weil wir durch ihn die niedrigere Persönlichkeit mit ihren Wünschen und Bedürfnissen aufgeben, damit sich unsere Seele durch uns manifestieren und Gottes Willen erfüllen kann. Diese Farbe erhebt den Menschen zu allem Spirituellen und Schönen, und wenn wir uns auf ihre schnelle Schwingung einstimmen, wird jede unserer Körperzellen zu einer höheren Frequenz gebracht, unser ganzes Wesen wird gereinigt. Er ist ein sehr starker Strahl, und Menschen, die sehr viel Violett in ihrer Aura haben, verfügen über große geistige Fähigkeiten und leisten auf allen Gebieten Außerordentliches. Es sind Boten des Friedens, von wirklicher Menschlichkeit erfüllt. Mutter Teresa ist das Beispiel eines Menschen, der sehr viel Violett in seiner Aura hat. Diese Farbe wird sie schützen und die Unreinheiten, die sie umgeben, verwandeln, damit sie von den schrecklichen Umständen, unter denen sie arbeitet, nicht so stark berührt wird wie andere Menschen. Der violette Strahl verwandelt die niedrigere Schwingung in die höhere. Wir können uns vorstellen, daß wir in eine violette Flamme treten und dadurch von allen Schlacken gereinigt werden, die uns umgeben und die in uns sind; wir müssen jedoch wissen, welche Macht die Farbstrahlen haben, und dürfen sie nie unterschätzen. Es kann unser Leben vollkommen verändern, wenn wir auf diese Weise die Kraft der Farben nutzen, und deshalb müssen wir uns unserer Verantwortung bewußt sein.

Alle großen Künstler fühlen sich zu dieser Farbe hingezogen und werden von ihrer Schwingung erfaßt. Ob es nun Richard Wagner war, der seine häusliche Umgebung violett ausschmückte, oder Leonardo da Vinci, der über sie meditierte, da sie die Fähigkeit, sich mit höheren Welten zu verbinden, stärkt. Violett hat die Kraft, in einem Menschen den Drang zu wecken, sich einem hohen Ideal zu opfern. Solch ein Mensch, der weiß, daß er eine große Tat zu vollbringen hat, tut das auch ohne Rücksicht auf physische Schmerzen, die er dann erleiden muß. Violett wird auch der königliche Strahl genannt; wie jede Kraft kann auch er mißbraucht werden, wenn man seine dunklere Seite benutzt.

Der violette Strahl birgt in sich das Blau der Seelenkraft und das Rot der Ausdauer, und beides verbindet sich in Violett zur Entschlossenheit. Goldgelb ist die Komplementärfarbe dazu, und beide Farben bedürfen einander zur Ergänzung, denn Macht muß immer mit Weisheit gepaart sein.

Purpur ist die Farbe der großen Redner; führende Staatsmänner hatten viel von dieser Farbe in ihrer Aura. Wird sie jedoch nicht vom Goldgelb der Weisheit ergänzt, so kann sie einen Menschen auf den Höhepunkt der Macht tragen, dann aber in den Sturz führen.

Der purpurfarbene Strahl sollte nie für persönliche Zwecke einseitig gebraucht werden. Er wird neutral, wenn die Begierden des niederen Selbst verwandelt worden sind, und kann dann im Dienste höherer Ideale zum Wohl der Menschheit eingesetzt werden. Auch kirchliche Würdenträger tragen Violett, womit sie in früheren Zeiten ihre Autorität und ihre Macht über die Menschen stärken wollten. Ob sie sich heute noch über die tiefere Bedeutung der Farben im klaren sind, scheint mir fraglich.

Die dunkle Seite von Violett wird mit dem Tod assoziiert, während es in seiner reinen Form ewiges Leben bedeutet. Wenn eine Seele einen Erfahrungszyklus durchlaufen hat, sprechen wir davon, daß diesem Menschen ein purpurner Mantel umgelegt wird. Lavendel ist eine schöne, heilende Farbe, die sich gut als Kleidungsfarbe eignet, wenn man sich zu ihr hingezogen fühlt. Sie deutet darauf hin, daß man sich mit spirituellen Dingen befaßt. Lavendel in Form von Blüten, Duftölen oder Räucherstäbchen reinigt die Atmosphäre.

Amethyst ist eine Schattierung von Violett, die Tiefe hat und die mit Idealen, Hingabe und Loyalität assoziiert wird. Die alten Ägypter trugen Amethystschmuck, um ihre Lebensenergie zu stärken und sich in höhere Schwingung zu versetzen, nicht weil sie diesem Stein besonderen materiellen Wert zumaßen. Heute wird alles nach finanziellen Maßstäben betrachtet; die Edelsteine jedoch haben, unabhängig von ihrem Wert, heilende Eigenschaften und sollten nach diesem Gesichtspunkt ausgewählt werden, wie in früheren Zeiten.

Vom violetten Strahl kommen wir nun zur Mitternacht, wo der **indigofarbene Strahl** herrscht. Indigo ist ein sehr dunkles Blau (auch Mitternachtsblau genannt) und als der Geist der Nacht bekannt. Es kommt manchmal sehr nahe an Schwarz heran. Dieser Strahl wirkt reinigend, er befreit uns von den Schlacken unserer Emotionen und klärt unsere mentale Ebene. Zudem ist es der Strahl des reinen Wissens, er hilft uns, zur Einsicht zu gelangen, und wenn wir uns auf ihn einstimmen, lernen wir die Ursachen zu durchschauen, die hinter allen Lebensformen liegen.

Dieser Strahl steht in Zusammenhang mit dem Chakra zwischen den Augenbrauen, dem dritten Auge, wie es die Ägypter nannten. In diesem Strahl verbindet sich das Wissen, das man intuitiv empfängt, mit der praktischen Fähigkeit zur Verwirklichung. Menschen, die mit dieser Schwingung in Einklang stehen, sprechen wenig, doch sie beeindrucken durch ihr Handeln. Sie sind die Lehrer des metaphysischen Wissens und schlagen eine Brücke zwischen Himmel und Erde. Wenn man seine Wahrnehmung für die großen Zusammenhänge geöffnet hat, entsteht eine tiefe Sehnsucht danach, den Sinn der eigenen Lebenszusammenhänge überhaupt zu ergründen. Wenn sich das dritte Auge öffnet, wird man vom Gläubigen zum Wissenden, da einem alle Dinge enthüllt werden. Der indigofarbene Strahl kann für uns arbeiten, wenn wir uns nach spirituellen Wahrheiten sehnen. Wenn er in der Nacht wirksam wird, ist das die beste Zeit, um Inspirationen für unser Tun zu empfangen, ob es nun künstlerischer oder meditativer Art ist. Es ist ein Zeitpunkt der Stille der Erdenergien, in dem wir Weisheit und Hilfe für alle Lebensbereiche empfangen können, wenn wir uns dafür öffnen.

Es ist der Strahl des Wassermann-Zeitalters, das jetzt herauf-
zieht. In ihm wird die Erde spirituelle Weisheit empfangen.
Eines Tages werden Religion und Wissenschaft, die nie hätten
getrennt werden sollen, sich wieder vereinen, und die Wissenschaft wird dann all das beweisen können, was viele heute
schon glauben: daß wir Lichtwesen sind, die in einem irdischen Körper leben, daß wir in einem Meer von Licht leben
und daß alles Energie und Schwingung ist, die sich durch die
Zeit bewegt und in ihr pulsiert.

Wir kommen nun zum **blauen Strahl,** der die frühen Morgenstunden erfüllt. Er wird mit allem Guten und Wahren assoziiert. Es ist der Strahl der Loyalität und des Vertrauens; wenn
es einem an Glauben mangelt, sollte man an Royalblau denken. Es ist der Strahl der Seele, die sich aus einem ganz
bestimmten Grund dieses Mal inkarniert hat; dieses Ziel der
Seele zu finden, ohne Zeit zu verlieren, und uns ganz in unsere
Inkarnation zu begeben ist unsere wichtigste Aufgabe.

Der blaue Strahl besitzt eine stark heilende Wirkung. Man muß
Blau in der Aura haben, um als Medium für die verschiedensten höheren Fähigkeiten wirken zu können. Es ist auch der
Strahl des Friedens und der Heiterkeit. Menschen, die Blau
lieben, sind der Schönheit in allen Erscheinungsformen zuge-
tan. Wenn wir davon sprechen, daß jemand »blaues Blut« in
den Adern habe, so meinen wir damit eigentlich, daß er zu den
höchststehenden und edelsten Menschen gehört.

Das Blau des Mantels der Jungfrau Maria assoziieren wir mit
Reinheit. Es ist ein wunderschönes Blau, das einen einhüllt
und das Schutz und Vollkommenheit ausstrahlt. Blau verbindet uns mit unserem höheren Selbst und mit intuitiver Erkenntnis, die meist unser bester Ratgeber ist. Sie wird uns oft erst
zuteil, wenn wir viel gelitten und uns dadurch von inneren und
äußeren Schlacken befreit haben. Wir sind dann wie die klare
blaue Fläche eines ruhigen Sees, in dem wir das Abbild der

höheren Welt sehen können. Schauen wir zum nächtlichen Himmel auf, erscheint er uns unendlich; unsere Seelen sind ebenso unendlich wie das Universum und nicht auf den physischen Leib begrenzt. Wir können uns überall hinbegeben und uns in alles einstimmen; dazu müssen wir wie eine feine Stimmgabel werden, die alle Schwingungen aufzunehmen vermag. Doch tun wir das, bevor wir bereit dazu sind, können wir Opfer niederer astraler Einflüsse werden. Das geschieht häufig, wenn Menschen Drogen und Alkohol nehmen: Sie haben dadurch oft sehr ungute übersinnliche Erfahrungen. Wir können uns dagegen schützen, indem wir an das Licht denken, das alle Farben enthält.

Der blaue Strahl wirkt kühlend und beruhigend, und wenn wir von seinem negativen Aspekt beeinflußt sind, können wir uns melancholisch fühlen (im Englischen: have »the blues«). Marineblau deutet darauf hin, daß man eine bestimmte Situation beherrscht, in seinen dunkleren Schattierungen jedoch ist es charakteristisch für eine gewisse Selbstgerechtigkeit und Besserwisserei. Dieses dunkle Blau kann auch auf einen Menschen hinweisen, der emotional instabil ist und der zur Stärkung zunächst ein lichtes Hellblau, dann Azurblau braucht.

Royalblau bedeutet Loyalität und Integrität, und Menschen, die diese Farbe tragen, haben oft eine königliche Ausstrahlung. Dieser Strahl besitzt aber auch die Tendenz zu einer gewissen Reserviertheit; Menschen, die sich zu diesem Blau hingezogen fühlen, lieben die Ruhe und können nur wenige Leute um sich herum vertragen; Menschenmengen und belebte Plätze meiden sie lieber, und von sehr geselligen Leuten werden sie oft nicht verstanden. Auch das Streben nach Frieden um jeden Preis hängt mit dem blauen Strahl zusammen. Es sind meist recht liebe Menschen, die sich jedoch nicht sehr durchsetzen können und oft übervorteilt werden.

Menschen, die viel Blau in ihrer Aura haben, ziehen oft andere an, bei denen Rot in der Aura dominiert. Sie können einander vielleicht helfen, sollten aber nicht zusammenleben, da sie in zwei verschiedene Richtungen streben. Die vom Blau bestimmten Menschen sind eher introvertiert, die anderen hingegen extrovertiert. Beide bedürfen des grünen Strahls des Friedens, der vermittelt und Verständnis weckt.

Grün ist die Farbe, die man vor Sonnenaufgang am Himmel sehen kann. Es ist der Strahl des Gleichgewichts im Spektrum – weder warm noch kalt. Mit ihm bereiten sich die Energien des neuen Tages vor. In der Natur dominiert die grüne Farbe am meisten. Sie versinnbildlicht den Frieden und die Harmonie, nach denen wir uns alle sehnen. Diese Farbe stärkt unser Nervensystem und hilft uns, zu entspannen und unsere Probleme loszulassen. Wenn man sich unruhig oder belastet fühlt, sollte man sich in einem Park oder in der freien Natur bewegen und sich bewußt auf Harmonie einstellen. Sehr bald schon wird man sich besser fühlen, und neue Energien werden einem zufließen.

Grün hat mit unserem Umgang mit Energie zu tun. Es ist der Strahl des Gebens und Nehmens, des Austausches, der immerzu zwischen den Menschen stattfindet. Entscheidend ist, daß wir anderen alles geben, was wir können, ohne an eine Gegengabe zu denken. Wenn das im richtigen Geist geschieht, werden auch wir nie Mangel leiden. Wenn man an die grüne Farbe denkt und Grünes trägt, so versetzt man sich dadurch in die grüne Schwingung und wird immer das bekommen, was man wirklich braucht (wobei man zwischen Bedürfnissen und Wünschen unterscheiden muß).

Grün steht in Beziehung zu unserem Herz-Chakra; wenn es wirklich geöffnet ist, sind wir voller Sympathie, Einfühlung und Mitleid anderen gegenüber. Grün erhöht unsere Schwingungen und gibt uns Hoffnung. Zuviel Grün jedoch kann apathische Zustände herbeiführen, in denen wir auf der Stelle treten. Wenn alles zu harmonisch ist, entwickeln wir uns nicht weiter. Heute herrscht im allgemeinen jedoch zuviel Disharmonie. Wir brauchen beides. Wir brauchen das frische Grün der Natur, um uns zu stärken und zu harmonisieren, doch wir dürfen nicht zu lange in diesem Zustand verharren, denn Leben bedeutet Bewegung und Entwicklung.

Smaragdgrün ist eine Farbe mit starker Schwingung. Der große Meister Hermes Trismegistos, der Gründer der »hermetischen« Wissenschaft, Philosophie und Literatur, überlieferte uns sein Wissen auf Smaragdtafeln, und auch der Heilige Gral steht mit dem smaragdfarbenen Strahl in Beziehung. Wenn man Smaragde tragen will, muß man mit dem smaragdgrünen Strahl in Einklang sein, denn jede Art von Falschheit würde sich auf den Träger negativ auswirken, da der Strahl eine so starke und hohe Schwingungsenergie hat. Die grüne Schwingung wirkt in jeder Situation ausgleichend, und das Ergebnis mag dem Betreffenden nicht unbedingt erwünscht sein; vielleicht hat man deshalb Grün oft mit Unglück in Verbindung gebracht.

Der Ausdruck »grün vor Neid« sein weist auf eine düstere Grüntönung hin. Andere zu beneiden bedeutet Energieverschwendung und wirkt sich für einen selbst destruktiv aus, was sich allmählich auch körperlich niederschlägt. Wir müssen erkennen, daß für alle genug da ist. Wir müssen die herrschende Ungerechtigkeit bekämpfen und alles gerecht verteilen. Der grüne Strahl symbolisiert die göttliche Liebe und das Mitleid und kann uns helfen, die Zustände zu verändern. Zudem kann einem der Reinkarnationsgedanke klarmachen, daß viele scheinbare Ungerechtigkeiten auf dem Gesetz des Ausgleichs beruhen. Wir müssen erkennen, wie wichtig es ist, Liebe zu geben, denn in dem Maß, wie wir geben, werden wir auch in diesem Leben und in zukünftigen Leben empfangen.

Grün hat auch mit unserer Selbstachtung und Selbsteinschät-

zung zu tun. Wenn wir immer vergeblich versuchen, Gleichgewicht in unser Leben zu bringen, können wir Magenge-
schwüre bekommen. Auch das Herz kann in Mitleidenschaft
gezogen werden, weil wir das Gefühl haben, das Leben nicht
mehr zu bewältigen. Als Medikament gegen Herzbeschwerden werden oft Chlorophylltabletten verschrieben; wir sehen
also, wie die Kraft des grünen Strahls ausgleichend auf das
Herz wie auf unser ganzes System wirkt.

Menschen, die in Einklang mit dem grünen Strahl sind, lieben
Kinder und Tiere, sie haben immer ein offenes Haus und teilen
gerne mit anderen, was sie haben. Von Menschen, unter deren
Obhut Pflanzen gut gedeihen, sagen wir, sie hätten einen
»grünen Daumen«.

Wir brauchen Grün in unserer Aura, denn im Grunde unseres
Herzens suchen wir alle nach Frieden, Ausgleich und Harmonie. Wenn wir den Frieden, der höher ist als alle Vernunft,
gefunden haben, werden andere sich zu uns hingezogen fühlen
und bei uns Nahrung und Halt suchen, und wir werden aus
unserem Herzen den rosafarbenen Strahl der göttlichen Liebe
strömen lassen.

Nun haben wir den Zyklus einmal durchlaufen und gesehen,
wie die Farben des Spektrums innerhalb von vierundzwanzig
Stunden eines Tages auf uns wirken. Einige dieser Töne
ergeben vermischt neue Farben, so beispielsweise Grün und
Blau, die **Türkis** ergeben, ein Strahl, den manche Menschen
für besonders wichtig halten. In jedem Fall wirkt er kühlend
und beruhigend auf das ganze Nervensystem. Vor einigen
Jahren konnte ich das selbst auf sehr eindrucksvolle Weise
erfahren. Bis dahin hatte ich schreckliche Schwierigkeiten
damit, vor vielen Menschen zu sprechen; ich wirkte zwar
äußerlich ruhig, doch mir drehte sich der Magen dabei um.
Man sagte mir, daß der türkisfarbene Strahl mir helfen würde,

weil er eine so beruhigende und entspannende Wirkung habe. Einige Monate lang beschäftigte ich mich sehr intensiv mit dieser Farbe: Ich trug sie, ich meditierte über ihre Eigenschaften und die Qualitäten der Farben Blau und Grün, die sie enthält. Dann bat man mich, einen Vortrag zu halten, und ich merkte, daß ich entspannt war und mich viel besser als bisher ausdrücken konnte. Auch mein Magen war vollkommen ruhig. Ich habe diese Farbe inzwischen vielen Menschen empfohlen, die in der Öffentlichkeit sprechen mußten und nervös waren, und sie berichteten, daß sich ihre Verfassung merklich verbessert habe. Türkis eignet sich auch, zusammen mit einer warmen Farbe, gut zur Innenausstattung, vor allem in Therapie- und Warteräumen, weil diese Farbe so entspannend und ausgleichend auf Menschen wirkt (siehe Kapitel »Dekor, Beleuchtung und Kleidung«).

Eine weitere wunderschöne Farbe ist **Magenta**. In ihr treffen die beiden Enden des Spektrums, Rot und Violett, zusammen; Magenta wird oft als ungesättigte Farbe bezeichnet, da man sie im Prisma nicht sehen kann. Rot ist der Strahl der Liebe und des menschlichen Willens, Violett die Farbe des Opfers und des göttlichen Willens. Magenta kann uns erheben und die Qualität des Lebens verbessern. Vor einigen Jahren war diese Farbe sehr in Mode; sie half den Menschen, sich ihrem Inneren zuzuwenden und sich tiefer mit den Problemen der Welt und ihren Auswirkungen auf den Menschen zu befassen. Farben können solche Bewegungen auslösen. Magenta wird Ihnen helfen, Ihre Emotionen zum Ausgleich zu bringen, und man sollte sich auf sie einstimmen, wenn man etwas zu organisieren hat. Durch die starken Farben, aus denen sie besteht, verleiht sie Autorität und Respekt, und man merkt, daß man gut delegieren kann und instinktiv weiß, wer sich für eine Aufgabe eignet, auch wenn sie ganz neu für ihn ist.

Die Neigung für bestimmte Farben zeigt etwas von Ihrem inneren Wesen. Wenn Sie sich zu kräftigen Farben hingezogen fühlen, sind Sie eher intellektuell orientiert, Sie neigen dazu, Ihre Emotionen und Gefühle zu verbergen, haben aber sehr bestimmte Meinungen, die Sie auch vertreten. Die kräftigen Farbtöne scheinen Sie zu stärken und Ihrem Wunsch zu entsprechen, bemerkt zu werden. Lehrer oder andere Menschen, die eine Autorität darstellen wollen oder müssen, sollten nicht zu blasse Farben tragen. Wenn man beispielsweise einen Vortrag hält, werden einem die Zuhörer aufmerksamer folgen, wenn man sich in eine eindeutige Farbe kleidet. Trägt man zarte Farben, werden sie versuchen, sich einzufühlen, anstatt wirklich aufmerksam zu sein.

Die helleren Farben haben eine höhere Schwingung, und wer sich zu ihnen hingezogen fühlt, sollte prüfen, ob er eine starke Aura hat. Am besten ist es, wenn zwischen leuchtenden und zarten Farben das richtige Gleichgewicht herrscht. Meist fühlen wir uns je nach Stimmung zu der einen oder anderen Art von Farbe hingezogen.

Auch die Jahreszeit spielt dabei eine Rolle. Die hellen Farben der Sommermonate spiegeln die Leichtigkeit und Helligkeit unserer inneren Verfassung in dieser Zeit wider. Da wir viel im Freien sind, wird unsere Aura durch die Sonnenstrahlen zudem wieder aufgeladen. Menschen, die in einem sehr heißen Klima leben, tragen meist ganz helle Farben, da sie die Energie des Sonnenlichtes reflektieren. Im Winter brauchen wir in unseren Breiten Energie und Wärme, um uns gegen die Kälte zu schützen; kräftige Farben können uns Kraft und Energie geben.

In dem Maß, wie Sie sich der Kraft der Farbstrahlen bewußt werden und sich auf sie einstimmen, wird Ihr Leben einen neuen Sinn bekommen. Sie werden wissen, wie es auf Sie selbst und auf andere Menschen wirkt, wenn Sie eine bestimmte Farbe tragen. Farbe ist eine Sprache, sie ist ein Schlüssel zu unserem Wesen.

Wenn Sie beispielsweise Schwarz und Weiß tragen, wollen Sie nicht, daß die anderen Sie zu sehr durchschauen, Sie möchten Distanz zu den Menschen schaffen. Wer viel Weiß trägt, sehnt sich nach Reinheit. Auch kann er zum Perfektionismus neigen und für seine Umgebung etwas unzugänglich wirken. Er sollte sich öfter farbig kleiden, um sich zu erden und mit der Wirklichkeit zu verbinden. Manchmal haben Menschen, die gerne viel Weiß tragen, dafür einen tiefen, unbewußten Grund aus der Vergangenheit, sie spüren, daß sie sich mit dieser reinen Farbe umgeben müssen. Wenn man Weiß trägt, sollte man das nur tun, wenn man sich gut fühlt, denn es kann einen blaß und ausgelaugt wirken lassen.

Im Weiß sind alle Farben enthalten. Das Licht vertreibt die Dunkelheit. Mit seinem Strahlen und Leuchten gibt Weiß Ihnen das Gefühl der Sicherheit; in einem höheren Sinn ist es ein Symbol des reinen göttlichen Wesens.

Dekor, Beleuchtung und Kleidung

Unser Farbsinn spiegelt sich in unserer Wohnung und Umgebung wider. Die Farben, die wir wählen, sagen mehr über uns aus, als wir ahnen. Wenn Sie eine Wohnung einrichten, meinen Sie vielleicht, nicht alles nach Ihren Wünschen gestalten zu können, weil Sie nicht genug Geld dazu haben, doch die Farben, die einem Raum Leben geben, sind meist keine Frage des Geldbeutels, sondern des Einfallsreichtums. Auf jeden Fall sollten Sie sich nicht zu lange mit einer schon gegebenen Farbe abfinden, die Ihnen nicht liegt, da das eine nachteilige Wirkung auf die Gesundheit haben könnte.

Die Inneneinrichtungen vergangener Epochen sagen viel über das Leben in dieser Zeit aus. Die Viktorianer in England beispielsweise hatten vor allem braune und beigefarbene Möbel und Stoffe und lebten rechtschaffen, streng und konformistisch. Wichtig war der gute Eindruck, den man machte; Kinder wurden damals sehr streng erzogen und hatten sich zu fügen, typische Ausdrucksformen der Farbe Braun, die aber auch noch andere Aspekte hat (siehe Kapitel »Die Psychologie der Farben«). Im Frankreich des achtzehnten Jahrhunderts war vor allem beim Adel die Inneneinrichtung farbenfreudig und voller Formenreichtum von den Möbeln über das Geschirr bis zu wunderbar gewirkten Stoffen, in denen sich die Üppigkeit, Sorglosigkeit und Freiheit des damaligen aristokratischen Lebens ausdrückte.

Heutzutage haben wir eine überreiche Auswahl an Farben und werden geradezu überschüttet mit Ideen, wie wir unser Zuhause verschönern können. Man sollte die Farben jedoch nicht nach beliebigen Ratschlägen und oberflächlichen Gesichtspunkten auswählen, sondern sehr sorgfältig überlegen, welche Farben zu einem passen und welche Funktion der jeweilige Raum haben soll. Dann werden die Farben für einen arbeiten und einem helfen. Ein Farbberater mit psychologischen Kenntnissen könnte sehr hilfreich sein.

Wenn Sie Komplementärfarben in verschiedenen Abstufungen zusammenstellen, könnte das zwar sehr wirkungsvoll aussehen, doch es sollte auf jeden Fall eine Farbe aus dem warmen und eine aus dem kalten Spektrum dabeisein, damit das Gleichgewicht erhalten bleibt. Räume, die nur in verschiedenen Abstufungen einer einzigen Farbe gestaltet sind, können zwar sehr interessant wirken, bringen uns jedoch aus dem Gleichgewicht, wenn wir eine Weile in ihnen gelebt haben.

Die Wohnräume eines Hauses sollten von warmen Farben dominiert werden, da diese unsere Aktivität fördern, sich auf den Grad unserer Geselligkeit und Extrovertiertheit auswirken. Orangetöne sind sehr gesellig und extrovertiert, während Grün- und Blautöne beruhigend wirken und eher zu introvertierten Menschen passen. In einem Arbeitsraum oder »Studierzimmer« braucht man etwas Gelb zur Inspiration, aber auch Grün und Türkis, die beruhigend wirken und das expressive Gelb ergänzen. Wenn sich zuviel Gelb in einem Raum befindet, kann man sich ungeborgen fühlen; da es für uns die Farbe des Sonnenlichts ist, nimmt es dem Raum seine Begrenzungen, was uns verunsichern kann. Für Flure oder Nischen eignet sich Gelb hingegen gut. Für ein Schlafzimmer würde ich Gelb nicht empfehlen, da es uns geistig aktiviert und wach macht.

Es ist sehr wichtig, welche Farben man für ein Schlafzimmer wählt. Man sollte sie als beruhigend empfinden. Menschen, die leuchtende Farben und kräftige Muster lieben, sind meist sehr aktiv, stehen gern früh auf und gehen spät zu Bett, während man an einem Schlafzimmer in Pastellfarben Menschen erkennt, die weniger angespannt sind und in sich ruhen. Wenn man sich dabei wohl fühlt, ist gegen kräftige Farben im Schlafzimmer nichts zu sagen; leidet man jedoch an Schlaflosigkeit, so wird eine Umgebung in Pastelltönen sich positiv auf den Schlafrhythmus auswirken.

Eltern, deren halbwüchsige Kinder ihr Zimmer gern schwarz dekorieren wollen, sollten wissen, daß sie damit vielleicht versuchen, sich von allem Vorherigen zu lösen oder vor sich selbst zu verstecken. Manchen Menschen erscheint die Idee, sich mit Schwarz zu umgeben, makaber und seltsam, doch man muß versuchen, ihr auf den Grund zu gehen. Man kann hoffen, daß es sich um eine vorübergehende Phase handelt, denn wenn man sich zu lange mit Schwarz umgibt, wird man depressiv werden. Man sollte sich vergewissern, daß solche jungen Leute keine Drogen nehmen und kein Alkoholproblem haben, und man sollte sie sich immer in Licht gehüllt vorstellen – auch der rosafarbene Strahl könnte in diesem Fall helfen, da er verhärtete Gedankenformen zerbricht. Unsere Vorliebe für Farben verändert sich jedenfalls im Laufe der Jahre immer wieder, und wenn wir älter werden, entscheiden wir uns von selbst für ganz andere Farben, da unsere Lebenserfahrungen unser Denken »gefärbt« haben.

Sehr wichtig ist es auch, welche Farben man für das Kinderzimmer wählt. Am besten fragt man die Kinder selbst, welche Farben sie mögen. Kleine Kinder können meist ohne Zögern sagen, welche Farbe ihnen am besten gefällt. In meiner Arbeit als Farbberaterin stellte ich fest, daß kleine Kinder, die nur Violett- und Blautöne auswählten, meist hochsensibel sind und viel Verständnis brauchen. In dem Zimmer, in dem sie schlafen, sollten auch warme Rosa- und Pfirsichtöne vorhanden sein, die ihnen helfen, sich zu entspannen, und ihnen das Gefühl der Sicherheit und der Geborgenheit geben.

Türkis und zartes Blau können Kindern helfen, die unruhig

oder hypermotorisch sind; zum Ausgleich sollten aber auch warme Töne vorhanden sein, zum Beispiel aus der Orange-Skala, weil sie ihnen helfen können, ihre überschüssige Energie zu kanalisieren und in schöpferisches Tun umzuwandeln. Warme, gedämpfte Beleuchtung im Schlafraum hat ebenfalls eine beruhigende Wirkung.

In den Rudolf-Steiner-Schulen spielt Farbe in der Pädagogik von Anfang an eine wichtige Rolle. In den Schulzimmern der ersten Klassen herrschen kräftige, magnetische, warme Farben vor, die sich in den höheren Klassen verändern: Wenn die Kinder intensiver und nicht mehr nur spielerisch lernen, setzt man Gelb ein, und Grün- und Blautöne, wenn sie beginnen, ihre eigene Urteilskraft zu entwickeln und auf ihr Wissen hin geprüft werden.

Eine Freundin von mir, die vor ein paar Jahren eine Studie über Schuluniformen durchführte, fand heraus, daß Kinder, die graue Uniformen trugen, eher zu Vorurteilen neigten, unkooperativ waren und durchschnittliche bis schlechte Zeugnisse bekamen, während Kinder, die blaue Uniformen trugen, viel sozialer und hilfsbereiter waren und wesentlich bessere Ergebnisse bei Prüfungen erzielten. Mehrere tausend Schulen beteiligten sich an der Aktion.

Eine englische Universität führte ein Farbexperiment durch. Die Studenten hatten beschlossen, ihre Mensa farbig auszugestalten. Sie teilten sie in zwei Bereiche; den einen strichen sie in einem Rotton, den anderen blau. In beiden Räumen wurde das gleiche Essen serviert. Sehr wenige Studenten wußten von dem Experiment, und das Ergebnis war außerordentlich interessant. Im blauen Raum sprachen die Studenten eher mit leiser Stimme, sie hielten das Essen für gut und hinterließen den Raum ordentlich, während im rotgetönten Raum die Studenten lauter sprachen, das Essen nur mäßig empfanden und allmählich immer mehr Unordnung hinterließen. Das ist ein Beweis dafür, wie stark sich Farben auf Verhaltensmuster auswirken können.

Ein Raum in einer der Kliniken für Naturheilweisen in London wurde indigofarben ausgemalt, weil man feststellen wollte, wie die Klinikangestellten reagieren würden. Auf manche von ihnen wirkte die Farbe einschläfernd, während andere sie als unangenehm empfanden; sie hatten das Gefühl, als kämen ihre Ängste dadurch an die Oberfläche. Der indigofarbene Strahl, der auch als Mitternachtsblau bezeichnet wird, ist sehr stark. Oft ist es so, daß um Mitternacht unsere Ängste besonders stark aufsteigen (wenn das geschieht, sollte man die Beleuchtung einschalten). Man hat diesen Raum in der Klinik jetzt in einer anderen Farbe gestrichen.

Dr. Schause aus Tacoma, Washington D. C., experimentierte eine Zeitlang viel mit Farben und fand heraus, daß der rosafarbene Strahl sehr entspannend und entkrampfend auf Patienten wirkte, deren Reaktionen er mit Bio-feedback-Methoden getestet hatte. Patienten, die sich in rosafarbenen Räumen aufhielten, wurden sehr bald von Aggressionen und Spannungen frei, und schwierige Kinder wurden zugänglicher. Auch die entspannende Wirkung von rosafarbenem Licht wurde experimentell nachgewiesen. In solchen Räumen hat man das Gefühl, alles loslassen zu können; die Muskeln entspannen sich. Umgibt man sich allerdings mit zuviel Rosa, so kann man jede Spannung und die Fähigkeit, sich durchzusetzen, verlieren. Es muß also immer das richtige Maß gefunden werden. Jedenfalls wirken Farben unmittelbar. Wir reagieren sofort darauf, nicht erst, nachdem wir sie längere Zeit auf uns haben wirken lassen. So wären rosafarbene Lichter auf den Tribünen der Fußballstadien oder in Gefängnissen sicher sinnvoll, da sie die Menschen beruhigen und Spannungen und Gewalt mindern könnten.

Auf einer Ausstellung sah ich vor einiger Zeit einen ganz in

Weiß gestalteten Raum; Wände, Stühle, Stoffe, alles war weiß – es gab keinerlei visuelle Farbe. Der Raum wirkte zwar eindrucksvoll, bald jedoch fühlte man sich unwohl und angespannt; man hatte den Eindruck von übertriebener Perfektion und geriet aus dem Gleichgewicht. In solchen Räumen würde man beginnen, sich von seinen Freunden zu isolieren, wenn die Vorliebe für Weiß nicht bereits die Folge einer solchen Isolation wäre. Weiß strahlt zwar alle Farben sehr stark aus, doch es zeigt uns auch alle unsere Unvollkommenheiten – wir jedoch brauchen Kontraste, um uns entspannen zu können. Wenn ein Zimmer in Weiß zusammen mit Blau oder Grün dekoriert wäre, würde das sehr kühl wirken; in gewissen Fällen kann Blau zusammen mit Weiß jedoch für Asthmakranke hilfreich sein, die es als beruhigend und besänftigend empfinden. Der grüne Strahl kann einen zu passiv und statisch werden lassen, selbst wenn man ihn in verschiedenen Schattierungen einsetzt; deshalb sollte man immer eine zweite Farbe aus dem warmen Spektrum hinzufügen.

Vor einiger Zeit traf ich eine Frau, deren Schlafzimmer hauptsächlich in Rot gestaltet war. Sie war ein sehr starker, entschlossener Mensch; wenn sie einmal eine Entscheidung getroffen hatte, rüttelte sie nicht mehr daran. Ich versuchte ihr klarzumachen, daß das Rot im Schlafzimmer ihr nicht guttun könnte, da sie, wenn sie Ruhe brauchte, zu sehr aktiviert würde.

Wenn wir ein Gebäude betreten, reagieren wir sofort auf die neue Umgebung, und dabei wird die Atmosphäre, die wir empfinden, sehr stark von den vorhandenen Farben bestimmt. Wenn man geschliffene Kristallkugeln an die Fenster des Raumes hängt, wirkt der Kristall als Prisma für die einfallenden Sonnenstrahlen, und der Raum wird in vielen regenbogenfarbenen Mustern aufleuchten. Man nimmt dann erst bewußt wahr, daß wir immerzu in Farbe getaucht sind.

Beleuchtung

Die Beleuchtung ist ein wesentlicher Bestandteil der Inneneinrichtung; denn die falsche Beleuchtung an der falschen Stelle kann die Farben zu sehr verändern und die Augen ermüden. Am besten sind klare, nicht zu starke Glühbirnen, die den Tisch oder den Arbeitsplatz ausreichend beleuchten und die uns nicht blenden, weil sie mit einem Schirm in sanften Farben (von naturfarbenen über cremefarbene, zartgelbe oder pfirsichfarbene Töne) umgeben sind. Neonlicht und Halogenlampen sind schädlich, sie können ermüden und Kopfschmerzen verursachen. Das merkt man sehr schnell in Räumen ohne Tageslicht, die von Neonlicht erhellt sind, wie in Supermärkten, Werkstätten, Büros etc. Wer in solchen Räumen arbeiten muß, sollte sich abends und am Wochenende soviel wie möglich im Freien aufhalten, um seine Aura wieder zu stärken.

Kinder oder Erwachsene, die nicht gut schlafen, könnten nachts ein zartes rosafarbenes Licht brennen lassen, das die Angst vertreibt und zur Entspannung beiträgt. Auch in Krankenhäusern könnte man auf den Stationen für Schwerkranke nachts rosafarbenes Licht brennen lassen, dessen warmer Schein ihnen guttun würde. Der rosafarbene Strahl der Liebe wirkt entspannend, beruhigend und tröstend. Blaues oder grünes Licht sollte dagegen vermieden werden, denn es wirkt kalt, unheimlich und auslaugend.

Theo Gimbel von den Hygeia Studios (Brook House, Avening, Tatebury Glos. GL8 8NS) hat eine Lampe produziert, mit der man auf Knopfdruck die Farben verändern und sie durch einen Dimmer stärker oder schwächer stellen kann. Man kann die Lampe also je nach Stimmung und je nach der gewünschten Wirkung verändern. Für Therapeuten hat sich diese Lampe als sehr nützlich erwiesen, sie könnte bei entsprechender Nachfrage in größerer Zahl hergestellt werden (schreiben Sie an die

Hygeia Studios, wenn Sie nähere Informationen wünschen). Wenn Sie solch eine Lampe in Ihrer Wohnung haben, könnten Sie eine rosafarbene Beleuchtung wählen, wenn Sie sich entspannen wollen, hellgelbes Licht, wenn Sie eine angeregte Unterhaltung wünschen, und blaues oder violettes Licht zur Meditation. Ich sah einmal in einer Wohnung eine weiß gestrichene Nische, die man durch eine indirekte Beleuchtung in allen Farben erstrahlen lassen konnte, was sehr wirkungsvoll war.

Vor allem in Deutschland hat man farbiges Licht schon in der Hydrotherapie eingesetzt; die im Wasser pulsierenden, verschiedenen Farben haben eine intensive therapeutische Wirkung, denn Farben beeinflussen uns physisch, emotional und geistig. Bevor man sie therapeutisch einsetzen kann, sollte man allerdings über ihre Wirkung genau Bescheid wissen. Eines Tages werden wir sicher auch farbige Duschen haben, bei denen wir durch Knopfdruck die Farbe wählen können, die uns gerade guttut und gefällt. Da Wasser eine sehr starke Wirkung auf unsere Emotionen hat, könnten wir so sehr weit reichende Wirkungen erzielen.

Eine andere Art von »Farbbad« erlebte ich vor einiger Zeit, als ich die Lincoln-Kathedrale besuchte. Die hohen Glasfenster sind von atemberaubender Schönheit, wenn das Sonnenlicht durch sie hindurchscheint. Jedes der Fenster ist in den verschiedenen Tönen einer Farbe gestaltet, und so kann man auswählen, in welche Farbe man »eintauchen« will.

Auch mit der Verbindung von Farbe, Licht und Form wird experimentiert, vor allem mit farbigen Pyramiden, die ein starkes Kraftfeld besitzen. Man kann zum Beispiel einen farbigen pyramidenförmigen Filter über Nahrungsmittel stellen, um sie frisch zu halten, eine Methode, die auch funktioniert, wenn einmal der Strom abgeschaltet wird. Die Menschen früherer Zeiten sollen solche Methoden schon gekannt haben.

Wenn Sie das nächste Mal eine Wohnung einrichten oder Ihr Zimmer umgestalten wollen, sollten Sie also daran denken, welchen Einfluß Farben und Beleuchtung auf Sie haben. Ihre Wohnung sollte nicht nur ein Ort sein, an dem sich Ihre Freunde wohl fühlen, sondern auch ein Raum der Inspiration, der Stärkung und Entspannung für Sie, in dem eine stimmungsvolle und wohltuende Atmosphäre herrscht.

Kleidung

Wenn Sie wissen, daß Sie eine bestimmte Farbe brauchen, sollten Sie sie tragen und sich mit ihr umgeben; Sie werden merken, daß sich das positiv auf Sie auswirkt. Wenn Sie eine Farbe, die Ihnen empfohlen wurde, nicht mögen, aber wissen, daß Sie sie aus therapeutischen Gründen brauchen, können Sie sie als Unterwäsche tragen, sich ein Taschentuch in dieser Farbe einstecken oder einen Schal tragen, in dem sie vorkommt. Wenn wir Kleidungsstücke in einer empfohlenen Farbe kaufen wollen, sollten wir das schrittweise tun und sie mit anderen Farben kombinieren. Durch zuviel auf einmal wecken wir nur unseren Widerwillen. Man kann sich nicht zu einer Farbe zwingen, die einem fremd ist. Da wir uns in den Farben am wohlsten fühlen, die wir sowieso schon in unserer Aura haben, kann es natürlich sein, daß wir gerade eine Farbe brauchen, die uns visuell nicht besonders liegt, die aber nach einiger Zeit unsere Einstellung und Gefühle merklich verändern kann.

Auf keinen Fall aber sollte man nur der Mode folgen und genau die Farben tragen, die gerade »in« sind. Machen Sie sich davon unabhängig, und finden Sie heraus, welche Farbe zu Ihnen paßt. Wenn viele Menschen nach den Farben fragen, die ihnen persönlich liegen, und sich nicht von der Modewelt diktieren lassen, was sie tragen, werden sie damit auch eine Veränderung bewirken. An uns liegt es, den Anstoß dafür zu geben.

Von Grün gibt es viele verschiedene Abstufungen und Töne, und Grün ist einer der wenigen Strahlen, bei denen uns die dunkleren Schattierungen mehr Energie geben. Wenn Sie geistig überaktiv sind, sollten Sie einen Schal tragen, in dem Apfelgrün ist; damit die Farbe ihre Wirkung entfaltet, sollte er jedoch aus Seide oder Baumwolle oder einer anderen Naturfaser sein. Sie können den Schal auch auf der Rückenlehne Ihres Stuhls spüren. Ich habe damit gute Erfahrungen gemacht, vor allem wenn mir immer wieder dieselben Gedanken im Kopf kreisten und ich das Gefühl hatte, zu keinem Ergebnis zu kommen.

Smaragdgrün ist eine schöne Farbe, die man jedoch nur tragen sollte, wenn man sich gut und stark fühlt. Oft ist die Farbe, die wir auswählen, nur ein Abbild unseres Zustands; deshalb neigen wir dazu, düstere und unscheinbare Farben zu tragen, wenn wir uns ohnehin schon deprimiert fühlen. Dann aber sollten wir gerade eine Farbe wählen, die uns anregt und stärkt. Und wir werden merken, daß sich das sogar positiv auf unsere äußere Situation auswirkt.

Menschen, die viel Blau tragen, brauchen zur Ergänzung andere Farben. Warme Töne werden ihnen helfen, sich zu erden und zu festigen; Purpur- und Violett-Töne sollte man meiden, wenn man deprimiert ist, da sie diesen Zustand noch verstärken können. Man braucht dann Grün oder Rosa zur Aufmunterung. Es gibt heute in der warmen Skala sehr viele verschiedene Rosatöne, außerdem noch pfirsich- und aprikosenfarbene Schattierungen, die wärmend wirken und uns helfen, unsere Kreativität zum Ausdruck zu bringen.

Wenn Sie gerne Gelb tragen, haben Sie eine starke Identität und ein gutes Selbstwertgefühl. Viele erfolgreiche Geschäftsleute und Menschen mit starker Persönlichkeit, die man nicht übersehen kann, fühlen sich zu dieser Farbe hingezogen. Zu Kleidung in Weiß, Schwarz und Rot finden Sie Näheres im Kapitel »Die Psychologie der Farbe«.

Die vielfältigen Möglichkeiten
des Heilens mit Farben

Beim Heilen mit Farben geht es darum, im Organismus durch die Farbstrahlen eine molekulare Reaktion zu bewirken. Das kann man auf vielerlei Weise tun. Eine Möglichkeit besteht darin, solarisiertes, also mit gefärbtem Licht imprägniertes Wasser zu trinken. Sie können das Experiment selbst durchführen. Dazu nehmen Sie fünf Wassergläser, füllen sie mit Mineralwasser und stellen sie in die Sonne auf Ihr Fensterbrett. Jedes Glas wird mit einem andersfarbigen Papierfilter umgeben. Nach etwa einer halben Stunde (im Winter dauert es etwas länger) nimmt man einen Schluck aus jedem Glas und wird feststellen, daß das Wasser mit dem blauen und dem violetten Filter metallisch schmeckt, daß das Wasser in den Gläsern mit dem roten, dem orangefarbenen und dem gelben Filter nicht lange frisch bleibt, während sich das in Blau und Violett imprägnierte Wasser viel länger frisch hält. Sie können das Wasser im Kühlschrank aufbewahren und davon trinken, wenn Sie die Wirkung eines bestimmten Farbstrahles an sich ausprobieren wollen. Das rot, orange und gelb solarisierte Wasser sollte man nicht abends trinken, denn die magnetischen Farben wirken sehr anregend, während es sich gut für den Morgen eignet. Das blau und violett solarisierte Wasser trinkt man am besten abends. Es hilft zum Beispiel gegen Schlaflosigkeit. Möchte man das blau oder violett solarisierte Wasser aus anderen Gründen morgens zu sich nehmen, sollte man einen Schluck rotes, orangefarbenes oder gelbes magnetisches Wasser folgen lassen.

Sie können Wasser auch ohne Hilfe von Farbfiltern selbst

magnetisieren. Nehmen Sie ein Glas Wasser in die linke Hand, und tauchen Sie zwei Finger der rechten Hand in das Wasser; dabei sollten Sie sich ein paar Minuten lang auf die Farbe Ihrer Wahl konzentrieren und das Wasser dann trinken – ein Versuch wird Sie davon überzeugen, ob es funktioniert.

Wenn Sie können, sollten Sie sich einige farbige Glasflaschen besorgen. Man bekommt manchmal beispielsweise Flaschen in tiefem Blau, so wie es die Apotheker früher benutzten. Wenn Sie den Inhalt der Flasche aufgebraucht haben, sollten Sie sie gut waschen und dann mit Rosenwasser oder Mineralwasser füllen (das Rosenwasser sollte man nicht trinken) und die Flasche auf das Fensterbrett ins Sonnenlicht stellen. Dadurch wird das Wasser mit dem blauen Strahl solarisiert. Man kann es danach zum Spülen der Augen, bei kleinen Verletzungen oder auch zum Gießen der Blumen verwenden, die dann länger halten.

Heiler können die Farbstrahlen entweder durch ihre Gedanken auf einen anderen Menschen übertragen oder, indem sie die Hände auflegen, sich auf die entsprechende Farbe konzentrieren. Es ist auch möglich, auf ein Stück Flanell zu atmen, wobei man sich auf die benötigte Farbe konzentriert und dann den Flanell auf den erkrankten Körperteil auflegt.

Eine weitere Möglichkeit, die Farbstrahlen zu übertragen, bietet die »Chromolight Filterbox« (erhältlich über den Autor. Wenn Sie Informationen wünschen, schreiben Sie bitte an B. M. Minuett, London, WC 1 M3XX, und fügen Sie einen adressierten und frankierten Umschlag bei). Es ist ein Kästchen mit einem Fach im Inneren, auf das man einen oder mehrere Farbfilter, die mit dem Kästchen geliefert werden, auflegen kann. Unter das Fach legt man eine Fotografie oder eine Unterschrift des Menschen, dem man in seiner Abwesenheit Farbheilkräfte zukommen lassen möchte. Man muß sich dabei nach der Schwingung des entsprechenden Menschen richten. Man stellt das Kästchen ins Sonnenlicht auf ein Fensterbrett. Sie können mit der Wünschelrute bestimmen, wie lange der Farbfilter einwirken soll; das können Stunden oder Tage sein. Mit dieser Methode wurden schon vielversprechende Ergebnisse erzielt.

Als ich sie das erste Mal ausprobierte, legte ich eine Fotografie meiner Schwester in das Kästchen und benutzte einen grünen Farbfilter. Ich wußte, daß sie zu diesem Zeitpunkt Freiraum und Ruhe brauchte – Attribute des grünen Strahles –, und ich wartete ab, wie sie reagieren würde. Damals lebte sie etwa 120 km von mir entfernt. Bald schon rief sie mich an und sagte, sie fühle sich viel besser. Natürlich wollte sie wissen, ob das etwas mit mir zu tun habe. Ich ließ mich damals von meiner Intuition leiten, man kann aber die entsprechende Farbe auch mit Hilfe der Wünschelrute oder des Pendels auswählen (siehe Kapitel »Wie wähle ich die richtige Farbe?«). Zu der Chromolight Box gehören zwölf Farbfilter; eine Gebrauchsanweisung ist beigefügt.

Die Entfernung zwischen dem Heiler und dem Patienten spielt keine Rolle. Einer meiner Freunde, der in Amerika lebt, wurde, als er sich einmal sehr schlecht fühlte, von England aus mit Hilfe des rosafarbenen Filters behandelt; er schrieb mir daraufhin, daß er sich selbst von einem rosafarbenen Licht umgeben sehen konnte und daß ihm das geholfen hatte, sich zu entspannen, seine Probleme loszulassen und sich wieder wohl zu fühlen. Ich muß hinzufügen, daß er sehr sensitiv ist und bei anderen Menschen die Farben der Aura sehen kann. Wir neigen dazu, unsere eigenen Fähigkeiten zu blockieren, und brauchen dann oft Hilfe, um den Heilungsprozeß in Gang zu setzen.

Eine Fernheilerin benutzte den rosafarbenen Filter, um einem Paar zu helfen, das nicht mehr miteinander sprechen konnte. Sie legte die Unterschriften der beiden in das Kästchen unter den rosafarbenen Filter, und innerhalb von vierundzwanzig Stunden riefen beide sie an und sagten, sie wollten zum nächsten Termin bei ihr zusammen erscheinen, während bisher immer jeder allein gekommen war. Der rosafarbene Strahl wirkt einend und helfend in schwierigen Situationen und unterstützt das Auflösen negativer Gedankenformen.

Auch die Farbe Orange kann fördernd auf Beziehungen wirken. Eine Bekannte legte die Fotografie ihrer Mutter mit einem orangefarbenen Filter in das Kästchen; sie hatte ihre Mutter lange nicht gesehen, und die Beziehung zu ihr war belastet. Am nächsten Tag rief ihre Mutter sie an und schlug vor, sie sollten sich treffen und zusammen essen. Sie war außerordentlich überrascht und erfreut, und die Beziehung der beiden zueinander ist seitdem sehr viel besser geworden. Der orangefarbene Strahl hat mit Kommunikation zu tun und der Art, wie wir uns ausdrücken; auch hilft er einen Teil unserer Konditionierung aus der Vergangenheit zu durchbrechen.

Jemand, der einen Schock erlitten hat, braucht Grün, um Ausgleich und Harmonie für sein System zu bekommen. Auch Krebspatienten konnte mit grünen, orangefarbenen und magentafarbenen Filtern geholfen werden; man sollte jedoch mit Hilfe der Wünschelrute feststellen, was der Betreffende wirklich braucht. Auch Tiere reagieren positiv darauf, wenn Sie ein Foto von ihnen in das Kästchen legen; auch Ihr eigenes Foto können Sie unter den Farbfilter legen, wenn Sie mit Hilfe der Wünschelrute herausgefunden haben, welche Farbe sie brauchen.

Ich werde oft gefragt, ob man jemanden in seiner Abwesenheit zu heilen versuchen darf, wenn man ihn nicht um Erlaubnis gefragt hat. Da wir alle die Verantwortung dafür übernehmen müssen, was wir geben und empfangen, rate ich, den Betreffenden um Erlaubnis zu fragen und ihm zu sagen, welch positive Auswirkungen die Farbstrahlen haben können. Wie die Erfahrung zeigt, wirken sie nicht nur heilend, sondern verändern auch die äußere Situation, in der wir uns befinden. Sie können zusammen mit den Farbfiltern auch Kristalle verwenden, müssen dazu aber eine genaue Kenntnis der Wirkung dieser Kristalle haben. Man braucht dazu eine Vorrichtung, bei der Licht durch ein Loch im Deckel des Kästchens auf den Kristall scheint, den man auf den Farbfilter gelegt hat. Auf diese Weise kann man den Kristall so programmieren, daß er die gewünschte Farbe aufnimmt; vielen Menschen jedoch hilft es auch sehr, die Farbe durch den Kristall selbst leuchten zu sehen. Solche Kristalle sind ideal zur Meditation, und wenn Sie sie in der Hand halten, werden Sie etwas von der Kraft des betreffenden Farbstrahls aufnehmen, da der Kristall seine Farbfrequenz enthält. Auch Edelsteine geben die Farbstrahlen weiter; man hat Methoden gefunden, mit denen man die Frequenzen eines Edelsteins in eine Lösung übergehen lassen kann, die so lange verdünnt wird, bis eine Art homöopathische Substanz, ein »gem remedy«, entstanden ist. Meist werden einige Tropfen davon verschrieben, die man täglich mehrmals in Wasser einnimmt. Mit diesen Essenzen wurden schon vielversprechende Erfolge erzielt. Die Anwendungs- und Wirkungsweise dieser Methode wird weiterhin erforscht.

Immer weitere Verbreitung findet die Aura-Soma-Therapie, die Vicky Wall vor einigen Jahren aus ihren Kräuterölen entwickelte, indem sie, durch göttliche Inspiration angeregt, begann, die Kräuterzubereitungen mit den Farben der Aura zu verbinden. Zu ihrer großen Enttäuschung trübte sich das Öl in der ersten Serie. Doch durch weitere Entwicklung konnte sie diese Trübung verhindern. Sie stellte die Öle zum ersten Mal bei einem Kongreß in Windsor, Berkshire, vor, wo irrtümlich eine Flasche mit trübem Öl unter die anderen geraten war. Zu ihrer Überraschung wollte eine Frau genau diese Flasche kaufen, obwohl sie unter einer Vielzahl anderer schöner Farben die Auswahl gehabt hätte. Man ersetzte die Flasche durch eine andere mit trübem Öl, um zu sehen, was geschehen würde; es stellte sich heraus, daß die meisten Flaschen dieser Art während des Kongresses verkauft wurden. Es schien, daß bestimmte Menschen, die seelisch aus dem Gleichgewicht waren, unter Depressionen litten oder mit gestörten Patienten arbeiteten, sich zu den Fläschchen mit trübem Öl hingezogen fühlten.

Bemerkenswert ist auch die Tatsache, daß Menschen, denen eine bestimmte Farbe fehlt, diese der entsprechenden Flasche vollständig entziehen. In Vicky Walls Studio, in dem sie die »Balance Herb Oils« aufbewahrt, verlor das grüne Kräuteröl-fläschchen immer wieder seine Farbe. Jedesmal, wenn man es erneuerte, verschwand die Farbe. Vicky Wall hatte im Garten einen Pfirsichbaum, der offenbar am Eingehen war, und sie fragte sich, ob er einen Zusammenhang mit dem Fläschchen habe. Sie stellte ein Fläschchen mit rotgrünem Kräuteröl an die Wurzeln des Baumes, ohne jemandem etwas zu sagen. Nach einiger Zeit fand eine Bekannte, die in ihrem Garten arbeitete, das Fläschchen, das nur noch farbloses Öl enthielt, und fragte sich, was es da zu suchen hätte. Im folgenden Sommer trug der Pfirsichbaum eine Fülle von Früchten, so viele, wie er nie zuvor getragen hatte, und die normalerweise fast weißen Pfirsiche waren nun rosarot. Es sah aus, als habe die Farb-Infusion dem Baum einen kräftigen Lebensimpuls gegeben.

Wenn man die »Balance«-Kräuteröle schüttelt, vermischen sich bei den zweifarbigen Fläschchen beide Farbtöne und trennen sich dann wieder. Die dabei entstehenden Blasen können bei weiterem Schütteln dem, der sie zu deuten versteht, zeigen, wie es um seine Gesundheit steht, und überhaupt zu divinatorischen Zwecken verwendet werden. Derzeit gibt es in der Aura-Soma-Therapie neunundvierzig Präparate, die aus den ursprünglichen fünf entwickelt wurden; sie sind zum Teil einfarbig und zum Teil zweifarbig. Die ursprünglichen fünf Farben standen mit dem Chakra-System in Verbindung. Es waren: Gelb über Blau (»Sunset«), Goldgelb (»Sunlight«), Grün über Blau (»Heart«), Blau (»Peace«) und Violett über Blau (»Rescue Remedy«).

Jeder Farbton hat eine psychologische Bedeutung für jede unserer Seinsebenen. Wenn Sie die Grundlagen der Farbpsychologie für die wichtigsten Farben kennen, können Sie allmählich immer mehr über sich erfahren, die Farbwirkungen erproben und sie therapeutisch einsetzen. Das Rescue-Remedy-Farböl ist ein generelles Mittel gegen Schmerzen verschiedenster Art – da Schmerz jedoch ein Warnsignal des Körpers ist, sollte man auf jeden Fall ärztlichen Rat einholen, wenn er nicht nachläßt. Die schmerzlindernde Wirkung von Rescue Remedy konnte ich selbst einmal erproben, als ich stürzte und mich am Hand- und Fußgelenk verletzte; mein Fuß schwoll so an, daß ich während der Nacht nur auf allen vieren ins Badezimmer kriechen konnte. Ich behandelte die Gelenke mehrmals in der Nacht mit dem Rescue-Remedy-Farböl, und am Morgen konnte ich schon wieder gehen. An der Hüfte hatte ich durch den Sturz einen großen blauen Fleck bekommen, der schon innerhalb von zwei Tagen verschwunden war, nachdem ich ihn mit Rescue-Remedy-Öl behandelt hatte.

Vicky Wall entwickelte auch ein »Pocket Pomander«, ein Sortiment verschiedener Kräuteröle in kleinen Fläschchen, die man in der Handtasche mitnehmen kann. Es sind Farben, die offenbar die Aura stärken. Das wurde zufällig durch Kirlian-Fotografie entdeckt. Es war in der Zeit, als sie mit den Pocket-Commanders experimentierte: Als Kirlian-Fotografien gemacht wurden, stellte sich heraus, daß einige Personen, die die Fläschchen seit einiger Zeit benutzten, auf den Aufnahmen einen helleren Strahlenkranz um die Fingerspitzen aufwiesen.

Trägt man diese Fläschchen mit sich, kann man verhindern, daß bestimmte Menschen einem Energien rauben.

Selbst Menschen, die nichts über die Farbwirkungen wissen, können sich zu den »Balance Herb Oils« hingezogen fühlen, weil ihnen die Farben einfach gefallen. Sie besorgen sie sich, um sie z. B. im Schlafzimmer, Badezimmer oder Büro aufzustellen, da der pure Anblick erfreut und erfrischt. »Aura-Soma Balance«-Kräuteröle können auf die Haut aufgetragen werden; man kann auch ein paar Tropfen dem Badewasser zufügen, darf sie jedoch nicht einnehmen. (Wenn Sie Informationen über die Aura-Soma-Therapie wünschen, können Sie an Dev Aura, Little London, Tetford, Lincs LN 9 6QH, England, schreiben.)

Behandlungen mit farbigem Licht unter Verwendung spezieller Lampen und Farbfilter sollten nur von Farbtherapeuten durchgeführt werden. Diese Methoden wurden schon im letzten Jahrhundert von Ärzten mit guten Ergebnissen angewandt; man kann also nicht nur auf die Aura und auf seelische Zustände einwirken, sondern auch auf die einzelnen Organe, von denen jedes mit einer bestimmten Farbe in Zusammenhang steht. Ein Klassiker der Farbtherapie ist das Buch *The Principles of Light and Colour* von Dr. Edwin Babbitt, das schon 1878 veröffentlicht wurde und noch heute Wissenswertes zu vermitteln weiß.

Blumen und Kerzen

Wenn Sie das nächste Mal einen Patienten im Krankenhaus besuchen und ihm Blumen mitbringen, sollten Sie sich gut überlegen, welche Blumen Sie auswählen, und darauf achten, wie sie duften, denn Dürfte können unsere Schwingungen erhöhen. Freesien mit ihrem starken Duft beispielsweise wirken heilend auf Emotionen und Gemüt; man findet sie in vielen verschiedenen Farbtönen fast das ganze Jahr über. Rosafarbene Rosen werden einen Kranken erwärmen, beruhigen oder entspannen, während tiefrote Rosen zu intensiv sind und einen Patienten überstimulieren können. Für jemanden, der auf dem Weg der Besserung ist, sind gelbe Narzissen oder gelbe Chrysanthemen sehr geeignet; der gelbe Strahl wirkt festigend und anregend und bringt Sonnenschein ins Krankenzimmer. Blaue Hyazinthen reinigen die Atmosphäre und verströmen einen himmlischen Duft; auch Maiglöckchen reinigen einen Raum und heben die Schwingung. Jedes Krankenzimmer bedarf einer Reinigung der Atmosphäre, und dazu können auch Blumen beitragen, ganz abgesehen davon, daß sie ein heilsamer Anblick sind. Wählen Sie also Farbe und Duft sorgfältig aus, wenn Sie das nächste Mal Blumen kaufen.

Auch Blumen, mit denen man ein Grab schmückt, haben mehr Bedeutung, als den meisten Menschen wahrscheinlich klar ist. Sie zeigen nicht nur, daß man des Verstorbenen gedenkt, sondern können auch negative Schwingungen auflösen, die einen bestimmten Ort belasten. Für die meisten Menschen ist ein Friedhof ein sehr trauriger Ort, an dem Blumen mit ihren Düften und Räucherwerk die Schwingungen wesentlich heben können.

Sogar von farbigen Kerzen kann eine Botschaft ausgehen – rote Kerzen geben uns Geborgenheit, orangefarbene Kerzen stimulieren die Unternehmungslust, gelbe die Ideen; grüne Kerzen bedeuten Überfluß und blaue Kerzen Heilung; wählen Sie also die Farben mit Bedacht, wenn Sie das nächste Mal Kerzen aufstellen.

Farben, Wochentage und Planeten

Mit der Zeit wird das Bewußtsein dafür wachsen, daß jeder Tag seine eigene Farbe hat und zugleich von einem der Planeten beherrscht wird:

Montag	Mond	Silber, Violett
Dienstag	Mars	Rot
Mittwoch	Merkur	Gelb
Donnerstag	Jupiter	Blau
Freitag	Venus	Grün
Samstag	Saturn	Indigo
Sonntag	Sonne	Goldorange

In alten Zeiten trug man an den verschiedenen Wochentagen Kleidung in den entsprechenden Farben, um ihrer Eigenschaften und Bedeutung zu gedenken. Die Mitglieder der Fraternité Blanche (Weiße Bruderschaft) in Südfrankreich und in anderen Zentren tragen ein Kleidungs- oder Schmuckstück, das der Farbe des Tages entspricht; das hebt nicht nur ständig ins Bewußtsein, welcher Tag gerade ist, sondern vor allem, durch welche Energie er sich auszeichnet und wie man sich auf seine Schwingungen einstellen kann. In der Zukunft wird mit wachsendem Bewußtsein der Menschheit auch der Wunsch stärker werden, in Einklang mit der Erde und dem Kosmos zu leben.

Edelsteine

Wir sollten uns klarmachen, daß Edelsteine und Halbedelsteine Energien ausstrahlen und daß ihre Farbe für uns von Bedeutung sein kann. In früheren Zeiten trugen die Menschen Edelsteine zu Heil- und Schutzzwecken, nicht nur zum Schmuck, und wußten, daß jeder Stein von der Schwingung seines Farbstrahles erfüllt ist. Wenn Sie die Eigenschaften der Farben kennen, können Sie sich die positive Wirkung der Farbe zunutze machen.

Der Stein des roten Strahls ist der *Rubin,* er schützt und vertreibt Traurigkeit und Melancholie.

Der Stein des orangefarbenen Strahls ist die *Perle,* er stärkt und reinigt und klärt den Geist. Die Perle ist unter Schmerzen entstanden und darum um so wertvoller.

Der Stein des gelben Strahls ist die *Koralle.* Sie fördert die geistige Wachheit und regt die Nerven an. Zudem kann sie einen vor Einflüssen schützen, die die Energie schwächen.

Der Stein des grünen Strahls ist der *Smaragd;* er fördert die Freundschaft, ist gut gegen Erkrankungen des Herzens und läßt einen an der Energie des Überflusses teilhaben.

Der Stein des blauen Strahls ist der *Saphir,* er vertreibt die Angst und strahlt Freude und Frieden aus.

Der Stein des indigofarbenen Strahls ist der *Diamant,* es ist der härteste Edelstein. Der Diamant symbolisiert die Reinheit, strahlt aber auf den Träger genau das zurück, was er ist – seine Reinheit ebenso wie seine Bosheit. Er verstärkt das, was ohnehin schon in uns ist.

Der Stein des violettfarbenen Strahls ist der *Amethyst*; dieser Stein wird mit den höchsten Idealen assoziiert und fördert unsere spirituelle Entwicklung; er drückt die Achtung vor allem Leben aus.

Welche Farbe hilft welchem Persönlichkeitstypus?

Im folgenden finden Sie eine Liste verschiedener Persönlichkeitsmerkmale und Stimmungen und der Farben, die ihnen helfen können. Wenn Sie sich in irgendeiner Beschreibung wiedererkennen, können Sie die entsprechende Farbe als Kleidung tragen oder einen Gegenstand in dieser Farbe kaufen, den Sie immer vor sich haben. In dem Augenblick, in dem Sie sich bewußt werden, daß Sie diese Farbe brauchen, werden Sie bemerken, daß Sie ebendiese Farbe plötzlich anziehen und überall verstärkt wahrnehmen.

Typus	Farbe
Dunkle Haut, Augen und Haare, Neigung zu schwachem Kreislauf	Rot
Helle Haut bzw. helles Haar, oft depressiv oder pessimistisch	Gelb
Autistische Kinder und Erwachsene	helles Orange
Aggressiv, streitsüchtig und grob	Rosa
Überschäumend, hektisch	Türkis
Überängstlich oder nervös	Grün
Lymphatisch und melancholisch	Rot, Grün, Gelb
Schwächlich und anämisch	Rot
Sanguinisch	Grau, Grün
Lethargisch, lustlos und langsam	Rot, Orange
Niedergeschlagen und träge	Gelb
Mental und emotional depressiv	Grün
Schlaflos und übermüdet	Blau oder Indigo
Unruhig, übererregt	Violett oder Blau
Lebensuntüchtig	Türkis oder Rosa
Geistig erschöpft	Orange

So können Sie die einzelnen Farben
therapeutisch einsetzen

Der rote Strahl
Von allen Farben verleiht der rote Strahl die stärkste Energie;
Menschen, die unter irgendwelchen Herzbeschwerden leiden,
müssen vorsichtig damit umgehen. Wenn man im Zweifel ist,
sollte man Rot nicht anwenden. Der rote Strahl beeinflußt das
Wurzel-Chakra am Ende der Wirbelsäule, er stimuliert die
Sexualdrüsen. Wenn dieses Zentrum stimuliert wird, kann
Adrenalin im Blutkreislauf freigesetzt werden. Rot beeinflußt
auch unsere Blutzellen und wirkt positiv auf die gesamte
Beschaffenheit des Blutes. Wenn einem kalt ist, sollte man an
Rot denken, weil das die Körpertemperatur leicht ansteigen
läßt.
Komplementärfarbe: Blau

Therapeutische Wirkungen des roten Strahls
Beeinflußt den Muskeltonus
Stimuliert die Sinneswahrnehmungen durch die Nerven
Wirkt auf die Nebennieren und setzt Adrenalin im Körper frei
Stärkt einen schwachen Kreislauf
Bei kalten Händen und Füßen sollte man rote Handschuhe und
Socken tragen.
Wirkt anregend bei Energielosigkeit und Niedergedrücktheit.
Hilft gegen Erkältungen
Gegen Anämie
Unterstützend bei sexueller Impotenz

Nicht anwenden
bei Entzündungen (hier ist Blau angezeigt)
und bei emotionalen Störungen

Diese Richtlinien sind dazu gedacht, die Wirkungen des roten Strahles kennenzulernen. Es gibt noch viele andere Möglichkeiten der Anwendung (natürlich auch der anderen Farben); zur Behandlung von Krankheiten brauchen Sie jedoch die Hilfe eines Farbtherapeuten.

Der orangefarbene Strahl

Der orangefarbene Strahl symbolisiert Vitalität und Enthusiasmus. Obwohl Orange mit der Liebe zum Leben zu tun hat, gibt es viele Menschen, die diese Farbe nicht mögen; wir alle brauchen sie jedoch. Orange ist ein wunderbares Mittel gegen Depressionen, Einsamkeitsgefühle und Müdigkeit, denn es wirkt seelisch-geistig stimulierend.

Der orangefarbene Strahl beeinflußt die Milz und die umliegenden Organe und hat einen positiven Einfluß auf den Kreislauf; er kann, wie der rote Strahl, die Nebennieren aktivieren. Eine zarte Tönung von Orange hat eine hohe Schwingung und symbolisiert Reinheit. Diese Farbe kann sexuelle Energie, die sich zunächst in physischen Bedürfnissen und Zwängen ausdrückt, in Gedankenkräfte umwandeln und uns so helfen, auf einer höheren Ebene schöpferisch zu werden.

Komplementärfarbe: Indigo

Therapeutische Wirkungen des orangefarbenen Strahls
Beeinflußt den Kreislauf
Wichtige Energiezufuhr für Vegetarier
Hilft gegen Krämpfe und Spasmen
Bei Katarrhen und Husten
Bei chronischem Rheuma und Asthma
Bei Nierenentzündungen
Bei Gallensteinen
Bei bestimmten Verdauungsstörungen

Erhöht den Pulsschlag, jedoch nicht den Blutdruck
Beruhigt die Nebenschilddrüse
Lädt den Ätherleib – die Lebenskraft des physischen Leibes –
wieder auf

Der orangefarbene Strahl befreit von Zwängen und Hemmungen und verleiht ein Gefühl der Freiheit und Uneingeschränktheit. Wenn Sie zu den Menschen gehören, die Orange als Farbe nicht mögen, sollten Sie es wenigstens einmal mit einem oder zwei Gegenständen, vielleicht in der Küche, in dieser Farbe versuchen, denn sie kann so eine intensive Wirkung haben, daß sie tatsächlich Ihr Leben verändert.

Der gelbe Strahl

Der gelbe Strahl wirkt auf den Solarplexus. In diesem Bereich kann sich viel negative Energie anstauen, und dort spüren wir auch, ob etwas stimmt oder nicht – das Sonnengeflecht wird auch das »Gehirn des Nervensystems« genannt. Der Solarplexus wird von unseren Gefühlen und geistigen Reaktionen beeinflußt. Wenn wir unter Streß stehen, kann es passieren, daß wir entweder zuviel essen oder gar kein Hungergefühl verspüren. Um diesen Bereich zu entspannen, sollte man abends die Füße in gut warmem Wasser baden und sich vorstellen, daß alle Aufregungen und Belastungen des Tages durch das Wasser fortgespült werden – ein Versuch wird Sie überzeugen, daß Sie sich danach viel besser fühlen. Komplementärfarbe: Violett

Therapeutische Wirkungen des gelben Strahls
Aktiviert die Motorik
Aktiviert das Nervensystem
Wirkt als Abführmittel, wenn Sie mit Gelb solarisiertes Was-

ser (siehe Seite 65) trinken (bei Durchfall nimmt man Blau oder Indigo)

Stimuliert den Gallenfluß

Aktiviert die Lymphdrüsen

Hilft zum Ausschwemmen von Kalk- und Kalziumablagerungen bei arthritischen Erkrankungen

Hilft zur Gewichtskorrektur

Bei Hautleiden

Bei nervöser Erschöpfung

Nicht zu empfehlen
bei Nervenschwäche und Zusammenbrüchen (in diesem Fall ist Blau oder Grün zu empfehlen).

Der grüne Strahl

Der grüne Strahl wirkt auf das Herz-Chakra und die Thymusdrüse. Er hat viel damit zu tun, wie wir uns fühlen und einschätzen. Wenn Sie eine sehr aufregende Zeit hinter sich haben, werden Sie sich zu Grün nicht hingezogen fühlen.

Der grüne Strahl ist beruhigend und entspannend; wenn Sie sich nicht wohl fühlen, sollten Sie in einen Wald oder in einen Park gehen und im Winter Nadelbäume oder immergrüne Gewächse aufsuchen. Um Ihre Lebensenergie wieder aufzuladen, können Sie sich mit dem Rücken an einen Baum lehnen, möglichst ohne Schuhe dabei zu tragen, und dann Ihre linke Hand an den Baumstamm und die rechte auf den Solarplexus legen. Atmen Sie die Lebenskraft aus dem Baum ein, bitten Sie den Baum, Ihnen Energie zu schenken, und danken Sie ihm, bevor Sie wieder weggehen. Ein Versuch wird Ihnen zeigen, daß Sie sich danach wirklich gestärkt fühlen.

Komplementärfarbe: Magenta (dieser Strahl hat keine wirkliche Komplementärfarbe, da er in der Mitte der sieben anderen

Farben des Spektrums steht; man kann ihn jedoch, wenn die Komplementärfarbe notwendig ist, zusammen mit Magenta anwenden).

Therapeutische Wirkungen des grünen Strahls
Wirkt auf das Verdauungssystem
Löst Spannungen
Stimuliert die Hypophyse (Hirnanhangdrüse)
Gut nach Schockeinwirkungen
Hilft Kopfschmerzen lindern
Bei Neuralgien
Gleicht den Blutdruck aus (Hellgrün bei hohem Blutdruck, Dunkelgrün bei niedrigem Blutdruck)
Entspannt und entkrampft das Herz

Der grüne Strahl wirkt am harmonisierendsten von allen Farben; wir brauchen alle etwas Grün in der Aura, um Frieden, Gleichgewicht und Harmonie zu haben.

Der blaue Strahl
Der blaue Strahl ist eines der stärksten Antiseptika, hilft also bei der Bekämpfung von Krankheitserregern. Blaues Wasser wirkt heilend; der blaue Strahl beeinflußt das Kehlkopfzentrum und die Schilddrüse günstig. Der Kehlkopf ist eines unserer wichtigsten Chakras, denn mit Hilfe des Kehlkopfs können wir uns ausdrücken, und Worte haben eine große Macht.
Komplementärfarbe: Rot

Therapeutische Wirkungen des blauen Strahls
Wirkt auf das Atmungssytem
Beruhigt Geist und Nerven

Bei Halskrankheiten
Insektenstiche, Hautjucken, blaue Flecken
Schlaflosigkeit
Schmerzende Menstruation
Entzündete Augen
Kinderkrankheiten
Schock
Fieber

Bei Fieber wirkt der blaue Strahl kühlend. Blaues solarisiertes
Wasser kann helfen, die Temperatur zu senken. Bei Masern,
Windpocken oder Mumps (vor allem in leichteren Fällen und
in den Anfangsstadien) kann blaues Licht heilsam wirken.

Der indigofarbene Strahl

Der indigofarbene Strahl ist mitternachtsblau. Er befreit von
Angst: Wenn unsere Ängste an die Oberfläche steigen, kann
er uns helfen, von inneren Schlacken frei zu werden, doch wir
müssen diese Reinigung auch zulassen. Dieser Strahl hilft uns,
loszulassen und auf Gott zu vertrauen, er stärkt unser Bewußtsein dafür, daß uns alles zum Besten dienen muß.
Der indigofarbene Strahl wirkt auf das Chakra zwischen den
Augenbrauen, das dritte Auge, und wenn dieses dritte Auge
geöffnet ist, können wir hellsichtig andere Dimensionen wahrnehmen. Indigo beeinflußt auch die Hypophyse (Hirnanhangdrüse) günstig, die wichtigste Drüse in unserem Körper. Dieser Strahl erfüllt uns mit der Sehnsucht nach der Wahrheit und
nach Erforschung des Unbekannten.
Komplementärfarbe: Orange

Therapeutische Wirkungen des indigofarbenen Strahls
Wirkt auf das Skelett
Reinigt das Blut

Beruhigt Nerven- und Lymphsystem
Bei akutem Rheumatismus und bei Arthritis
Bei Krampfadern
Bei Schlaflosigkeit
Gegen Furunkel und Geschwüre
Gegen Ekzeme und Prellungen

Indigo heilt den Ätherleib, der dem physischen Leib seine Lebenskräfte verleiht, hilft gegen Schmerzen; man sollte jedoch immer daran denken, daß Schmerzen ein Warnsignal des Körpers sind, und muß bei anhaltenden Schmerzen immer qualifizierten medizinischen Rat einholen.

Der violette Strahl
Der violette Strahl hat die höchste Schwingung von allen Regenbogenfarben (ultraviolette Strahlen gehören nicht mehr zum sichtbaren Spektrum). Viele Menschen können Violett nicht vertragen, da es eine so hohe Energiefrequenz hat. Es reinigt alles, womit es in Berührung kommt, auch Gedanken und Emotionen, und hat eine sehr positive Wirkung auf die Molekularstruktur des Körpers. Wenn man jemand, der seine schöpferische Energie nicht nutzt, violettem Licht aussetzt, wird er sehr frustriert sein und vielleicht sogar krank werden. Es ist ein durch und durch kreativer Strahl; wenn man mit ihm in Einklang ist, liegt ein Weg voller Licht, Liebe und Frieden vor einem. Nur wenige Menschen haben den violetten Strahl in ihrer Aura, da er ein Anzeichen dafür ist, daß der Mensch zur Hingabe und zum Dienst an einem hohen Ideal fähig ist. Der violette Strahl steht in Zusammenhang mit dem Scheitel-Chakra und der Zirbeldrüse und wirkt auf alle Chakras des Körpers und auf die endokrinen Drüsen.
Komplementärfarbe: Gelb

Therapeutische Wirkungen des violetten Strahls
Bei geistigen und nervlichen Störungen
Bei besonders starken emotionalen Störungen
Er hält das Kaliumgleichgewicht im Körper.
Verhindert übermäßigen Hunger
Beruhigt und dämpft
Reinigt das System

Nicht anwenden
bei Depressionen (in diesem Fall ist Grün oder Blau angezeigt).

Wichtiger Hinweis:
Bei ernsthaften Krankheiten ist es sehr gefährlich, selbst eine Diagnose oder eine Behandlung vorzunehmen. Man sollte in solchen Fällen sowie bei anhaltenden Schmerzen und in jedem Zweifelsfall einen qualifizierten Farbtherapeuten zu Rate ziehen (abgesehen von einer allgemeinmedizinischen Untersuchung).

Atmen mit Farben

Die Atmung macht die Qualität unserer Vitalität und unseres Lebens aus, und dennoch halten wir sie für etwas Selbstverständliches. Bei der Geburt tun wir unseren ersten Atemzug und beim Tod unseren letzten; in der Spanne dazwischen können wir eine kurze Zeit ohne Nahrung und Wasser leben, niemals jedoch ohne Luft. Atmen heißt leben, der Atem erhält uns auf jeder Daseinsebene. Beim Einatmen laden wir unsere Energien auf, beim Ausatmen entspannen wir uns – auch Gähnen ist eine Art des Atmens, die uns entspannt und uns ein Gefühl der Lockerung gibt.

Wenn wir bewußt und mit Verstand atmen, können wir unseren inneren Zustand wie die äußeren Umstände verändern. Wir können uns bewußt auf positive Eigenschaften oder Vorsätze einstellen und sie in unser Sein einatmen. Damit verändern wir unsere Energien, ebenso wie wir uns durch das Ausatmen von negativen Energien wie Streß oder angestaute Emotionen befreien können. Je ausdauernder wir einen Gedanken einatmen, desto länger wird er uns bestimmen und seine Wirkung in uns tun. Dasselbe gilt für das Ausatmen: Je länger wir uns Zeit nehmen, Angestautes auszuatmen, desto mehr werden wir uns entspannen. Wenn jemand sehr aufgeregt ist, möchte man ihm immer raten, erst einmal tief durchzuatmen, um dadurch wieder ins Gleichgewicht zu kommen.

Wenn wir am Meer sind, atmen wir ganz von selbst tiefer, um unsere Lunge mit der erfrischenden Luft zu füllen. Wasser in jeder Form wirkt reinigend auf unsere Emotionen, und gerade am Meer können wir diese Wirkung mit der Kraft des Atems verbinden. Wenn das Meer ruhig ist, kann man im Rhythmus der Wellen, die an Land rollen, ein- und ausatmen. Bei bewegtem Meer kann man manchmal winzige Lichtpünktchen auf dem Kamm der Wellen sehen, die wie elektrisch wirken. Sie laden unsere Energien wieder auf. Wenn man diese Lichtpünktchen nicht wirklich sehen kann, sollte man sich bewußtmachen, daß sie da sind, und sich vorstellen, daß man dieses Licht in sich einatmet. Es hat eine sehr starke Wirkung, wenn wir unsere Vorstellungskraft so mit dem Atem verbinden.

Wir können uns also von negativen Gefühlen und Gedanken reinigen, indem wir Licht einatmen und alles Ungute, Schädliche oder Unreine ausatmen. Im Solarplexus sammeln sich jeden Tag so viele Schlacken an, daß dieser Bereich unbedingt einer Reinigung bedarf. Die heilende Kraft des Wassers, das mit dem blauen Strahl in Zusammenhang steht, hilft in jeder Form, ob Sie nun am Meer sind, an einem See, einem Fluß oder Bach. Aber sogar ein Bad kann seelisch reinigen; Sie können sich dabei das Badewasser in jeder Farbe denken, die Sie brauchen. Stellen Sie sich vor, daß das abfließende Wasser alle Ihre Sorgen und Probleme wegschwemmt. Eine gute Übung ist es auch, zum blauen Himmel aufzusehen, wie der blaue Strahl sich durch die Fingerspitzen, die Arme und den Solarplexus ergießt und im ganzen Körper zirkuliert. Wenn Sie dazu an einer ruhigen Wasserfläche stehen und die Sonne auf das Wasser scheint, dann sollten Sie die schimmernden Lichtstrahlen, die es reflektiert, einatmen. Doch ob wir nun wirklich von Himmel, Sonne und Wasser umgeben sind oder nicht, entscheidend ist, daß wir unser Bewußtsein auf ihre Qualitäten einstellen und uns ihre wohltuende Wirkung vorstellen – erst dann können sie uns in aller Fülle zuteil werden. Wir müssen erst lernen, unsere geistigen Möglichkeiten ganz auszuschöpfen, denn sie sind unser kostbarstes und stärkstes Werkzeug. Das zu üben haben wir eigentlich an jedem Ort Gelegenheit.

Natürlich sollten wir jede Möglichkeit nutzen, uns in der freien Natur zu bewegen. Wenn Sie in der Nähe eines Stauwehrs oder Wasserfalls sind, können die Wasserkaskaden auf Ihren Solarplexusbereich reinigend wirken und Ihre Energie wieder aufladen; hilfreich ist dabei die Vorstellung, daß ein goldgelbes Licht in diesen Körperbereich einströmt. Wenn Sie im Wald, in einem Park oder auf dem freien Feld sind, sollten Sie den grünen Strahl einatmen. Entdecken Sie die vielen Schattierungen von Grün, aus denen Sie auswählen können – die helleren Grüntöne werden Sie spirituell erheben und die dunkleren Ihnen Kraft verleihen. Konzentrieren Sie sich also auf die Farbe Ihrer Wahl beim Atmen. Man kann durch ein Kribbeln im ganzen Körper förmlich spüren, wie Lebenskraft in ihn einströmt. Die Farbe Grün bedeutet Frieden, Großzügigkeit, Überfluß; sprechen Sie, wenn Sie allein sind, laut beim Einatmen eines der positiven Attribute des grünen Strahls aus. Konzentrieren Sie sich ganz auf diese Qualität, und atmen Sie sie ein, während Sie ihr Gegenteil ausatmen. So können Sie beispielsweise Harmonie einatmen und Disharmonie ausatmen; dabei findet eine innere Verwandlung in Ihnen statt. Diese Übung sollte man oft wiederholen, und man wird merken, daß nach einiger Zeit diese Qualität ein Teil von einem selbst zu werden beginnt. Sie werden dann auch Harmonie und Überfluß rings um sich wahrnehmen können.

Suchen Sie sich für eine andere Übung eine Blume, zu deren Farbe Sie sich hingezogen fühlen, und halten Sie sie in der Hand. Atmen Sie ihren Duft ein, und versenken Sie sich in ihre Gestalt. Dann denken Sie beim Einatmen ihre Farbe und Eigenschaft oder eine Eigenschaft, die Ihnen fehlt. Halten Sie den Atem einen Augenblick an, und atmen Sie dann aus. Eine rosafarbene, duftende Rose hat eine beruhigende und entspannende Wirkung. Betrachten Sie die Rose, atmen Sie Duft und Farbe ein, und schließen Sie dann die Augen, wobei Sie sich die Blume und ihre Farbe mit dem geistigen Auge (dem dritten Auge zwischen den Augenbrauen) vorstellen. Machen Sie sich jedoch keine Sorgen, wenn Ihnen das nicht gelingen sollte. Denken Sie dann einfach an die Blume und ihre Farbe, und öffnen Sie die Augen wieder. Wiederholen Sie den Vorgang dreimal. Die Farbe wird allmählich beginnen, Ihre Aura zu durchdringen, und Sie werden spüren, wie Sie sich erwärmen. Sie werden eine Entspannung, vom Herzen ausgehend, empfinden, während das zarte Rosa sich in Ihrer Aura ausbreitet. Menschen, die einsam oder unglücklich sind, werden die wohltuende Wirkung dieser Übung bald wahrnehmen. Sie können das gleiche mit jeder Blume in der Farbe Ihrer Wahl versuchen.

Atmen ist Nahrung. Die meisten Menschen atmen so oberflächlich, daß sie die Substanzen, die sie aus dem *prana* in der Atmosphäre brauchen, nicht ausreichend erhalten. Wir sollten uns des Atmens bewußter werden. Der frühe Morgen ist ein guter Zeitpunkt, um einige tiefe Atemzüge, am besten am offenen Fenster, zu tun. Im Yoga gibt es zahlreiche Atemtechniken, die einem helfen, sich zu entspannen und sich wieder mit Energie aufzuladen. Eine dieser Übungen geht folgendermaßen vor sich: Man schließt das linke Nasenloch und atmet tief durch das rechte Nasenloch, während man bis vier zählt. Dann hält man den Atem an, bis man bis sechzehn gezählt hat, schließt daraufhin das rechte Nasenloch und atmet durch das linke Nasenloch aus, wobei man von eins bis acht zählt. Dann beginnt man wieder von vorn, wobei man aber diesmal erst das rechte Nasenloch schließt und im übrigen den Vorgang wiederholt. So verfährt man sechsmal mit jedem Nasenloch; nach einiger Zeit wird einem diese Übung leichtfallen, und man kann dann jeden Vorgang doppelt so lang gestalten, zählt also bis acht, zweiunddreißig und sechzehn, sollte aber diese Zeit nicht mehr verlängern. Auf keinen Fall aber sollte man bei dieser Übung etwas forcieren. Wenn einem anfangs schwindlig wird, ist es gut, eine Pause zu machen; das Schwindelgefühl ist jedoch ganz normal und muß nicht beunruhigen.

Bei dieser Methode kann man auch eine Farbe benutzen, wobei man sich ihre Eigenschaften vorstellt oder eine Affirmation spricht oder denkt oder indem man Licht einatmet und einen negativen Zustand oder Gedanken ausatmet. (Weitere Informationen erhalten Sie beispielsweise in dem Buch *Respiration: Spiritual Dimensions And Practical Applications,* Prosveta Editions).

Das Atmen mit Farben ist eine große Hilfe, um sich beispielsweise nach einem anstrengenden Tag von Verspannungen und negativen Energien zu befreien. Sie können sich dabei vorstellen, daß Sie eine Farbe einatmen und diese Farbe in den Raum ausatmen. Wenn Sie Schmerzen haben, sollten Sie an den blauen Strahl denken, sich vorstellen, wie er in Ihre Fingerspitzen einströmt. Legen Sie dann Ihre Hände auf den schmerzenden Körperteil und atmen Sie die Farbe durch Ihre Hände ein. Wenn der Schmerz nach dieser Übung nicht nachläßt, sollten Sie allerdings ärztlichen Rat einholen.

Atemübungen stärken die Konzentrationskraft und wirken ausgleichend und harmonisierend auf das Denken. Alle großen Yogis Indiens haben es zu einer erstaunlichen Beherrschung ihres Atems und ihres Körpers gebracht. Wir können von ihnen lernen, unsere Atemtechnik zumindest so zu verbessern, daß wir freier werden und mehr Energie bekommen. Dazu muß man den Atem tief in sich hineinfließen lassen, sich dabei vorstellen, wie die Lungen sich bis in die Spitzen mit frischer Luft füllen, und spüren, wie das Zwerchfell sich dabei nach unten senkt. Dann sollte ein sehr langsames Ausatmen folgen, damit der Sauerstoff Zeit hat, lange genug auf unseren Körper zu wirken. Wir können es uns zur Angewohnheit machen, das Atmen so oft wie möglich gedanklich mit einer

Farbe zu begleiten; ob wir nun sitzen oder gehen, ob wir mit dem Zug, dem Bus, dem Auto oder dem Flugzeug unterwegs sind. Durch ein vom Bewußtsein begleitetes Atmen können wir unsere körperliche und seelische Verfassung sowie die äußeren Umstände beeinflussen. Heutzutage werden wir geradezu überschwemmt von Ängsten: der Angst, unsere Stelle zu verlieren oder unsere Wohnung, oder die Angst, krank zu werden. Wenn wir die Zeitung lesen oder Nachrichten hören, werden wir überschüttet mit schlimmen Berichten über Gewalttaten und Kriege. Wir sollten vermeiden, uns in dieses Bedrückende allzusehr hineinziehen zu lassen, weil das unsere Schwingungen negativ beeinflußt. Das Mittel gegen Angst ist Liebe – der rosafarbene Strahl, der heilend und einend, stärkend und tröstend wirkt. Mit seiner Hilfe sollten wir die Angst, die unser Leben erfüllt, auflösen. Man kann die Farbe Rosa einatmen, Liebe denken und Angst ausatmen; man kann die Farbe Orange einatmen, sich auf Freude einstellen und die Trauer ausatmen; man kann das Einatmen von der Farbe Blau begleiten lassen, um von Vertrauen erfüllt zu werden, und das Mißtrauen ausatmen. Wenn man sich angespannt oder unter Druck fühlt, sollte man den grünen Strahl des Friedens und der Harmonie einatmen und spüren, wie er sich in das ganze Sein ergießt; dabei sollte man die Worte Frieden und Harmonie denken und dann die Disharmonie ausatmen. Versuchen Sie es, und Sie werden merken, daß sich innerlich und äußerlich etwas verändert.

Wir können Farben auch zur Fernheilung benutzen. Wenn Sie nicht sicher sind, welche Farbe der Betreffende braucht, können Sie sie auspendeln oder ihm das Licht senden, das jedem zum Besten dient: das weiße Licht, in dem alle Farben enthalten sind. Atmen Sie weißes Licht oder eine bestimmte Farbe aus, indem Sie sich auf den betreffenden Menschen konzentrieren, und Sie werden sehr starke Energien aussenden können. Wenn der Mensch, dem Sie Heilkräfte zusenden, zur Mitarbeit bereit ist, sollte er ebenfalls an die bestimmte Farbe und/oder weißes Licht denken oder an eine Blume in der betreffenden Farbe. Dadurch wird der Heilungsprozeß unterstützt. Er kann jedoch auch in Gang gesetzt werden, wenn der Betreffende nicht weiß, daß ihm Farbstrahlen geschickt werden. Es ist vielfach erwiesen, daß der Geist die Fähigkeit hat, Energie zu übertragen; nur wenn der Empfänger sich davor verschließt und die Übertragung blockiert, können ihm auf diese Weise keine heilenden Kräfte zufließen.

Es folgen Affirmationen zu den einzelnen Farbstrahlen, die Sie entweder frühmorgens, mittags oder am frühen Abend sprechen sollten. Dabei ist es wichtig zu erkennen, daß wir uns auf diese Weise auf kosmische Energien einstimmen und daß die Farben durch das Drüsensystem und durch den Ätherleib auf uns einwirken. Um diese Energien zu empfangen und zu übermitteln, arbeiten wir auf der Mentalebene.

Den blauen, indigofarbenen und violetten Strahl sollte man in der Vorstellung durch das Scheitel-Chakra einatmen und zum Solarplexus weiterleiten, wobei man sich darauf konzentriert, daß einen die Farbe allmählich ganz erfüllt. Blau, Indigo und Violett sind spirituelle Farben, die uns mit den höheren Welten verbinden. Den grünen Strahl sollte man horizontal in den Solarplexus einatmen und sich dabei vorstellen, wie diese Farbe einen ganz erfüllt und umhüllt. Grün ist die Farbe des Ausgleichs und des Gleichgewichts zwischen allen Farben. Rot, Orange und Gelb wirken auf der physischen und emotionalen Ebene und beeinflussen unsere Gesundheit und Vitalität, aber auch unser irdisches und materielles Wohlergehen. Diese Farben sollte man durch die Fußsohlen zum Solarplexus hin einatmen und dann in der Vorstellung den ganzen Körper erfüllen lassen.

Farbaffirmationen

Konzentrieren Sie sich auf die Affirmation, sprechen Sie sie siebenmal, und schließen Sie dann die Augen, wobei Sie an den Kern der Aussage denken und sich vorstellen, wie die entsprechende Farbe in Sie einströmt und Sie ganz erfüllt.

Rosenrot

Dieser Strahl wirkt stimulierend und aufrichtend, ist gut bei Erschöpfung und reinigt das Blut.

Der rosenrote Strahl ergießt sich in meinen Blutkreislauf und erfüllt mich mit neuem Leben und Mut für alle meine Aufgaben.

Orange

Dieser Strahl wirkt stimulierend und emotional befreiend, er verleiht uns Vitalität und ein wohliges Lebensgefühl.

Der orangefarbene Strahl erfüllt mich mit Vitalität und Lebensfreude, stärkt meinen Ätherleib und erneuert mein ganzes Sein.

Gelb

Dieser Strahl erfüllt einen mit Licht und gibt dem Solarplexusbereich, in dem sich rasch Negatives anstaut, neue Energie, er ist gut bei Depressionen und Einsamkeitsgefühlen und wirkt sich positiv auf das Nervensystem aus.

Der goldene Strahl erfüllt mein Sein mit Sonnenlicht, göttliche Weisheit und Liebe strömen in meinen Körper, in meinen Geist und in meine Seele.

Grün

Dieser Strahl dringt horizontal in den Solarplexus ein, er stärkt die Nerven und verleiht ein Gefühl des Friedens und des Wohlbefindens.

Der grüne Strahl strömt in mein Herz, Frieden und Harmonie breiten sich in meinem ganzen Sein aus.

Blau
Dieser Strahl kühlt, beruhigt und entspannt Geist und Körper, heilt und befreit von Unreinheiten.
Der blaue Strahl beruhigt meinen Geist und erfüllt all meine Zellen und Organe mit heilender Kraft.

Indigo
Der Strahl, der Kraft und Weisheit verbindet; wie der Glaubensstrahl strömt er durch das Scheitel-Chakra und öffnet den Geist für die Intuition.
Der indigofarbene Strahl verbindet mich mit der Weisheit und Einsicht, die mir helfen, sicher durch diese Zeit zu gehen.

Violett
Der Strahl der Reinigung und des Opfers, in dem sich alles Schädliche auflöst.
Der violette Strahl befreit mich von Schlacken und reinigt mein Wesen, er strömt in meine Drüsen und erfüllt mich mit neuem Leben und Energie.

Es folgen drei wichtige Farben, die nicht im Spektrum der sieben Grundfarben vorkommen. Da der rote Strahl sehr stark wird, sollten Sie beispielsweise bei Herzbeschwerden den helleren rosafarbenen Strahl vorziehen. Ich schlage folgende Affirmationen für Rosa, Türkis und Magenta vor:

Rosa
Dieser Strahl wärmt, beruhigt und entspannt.
Der zarte rosarote Strahl fließt durch meinen ganzen Körper, belebt all meine Zellen und erfüllt mich mit göttlicher Liebe.

Türkis

Dieser Strahl beruhigt den Geist und wirkt kühlend und besänftigend auf das Nervensystem. Die beiden Farben Blau und Grün, aus denen er besteht, sind für uns alle wohltuend: Sie bedeuten Frieden, Harmonie und Gleichgewicht.

Der türkisfarbene Strahl erfüllt mich mit Frieden und beruhigt meinen Geist und meine Emotionen; ich behalte auch in dieser Situation einen kühlen Kopf.

Magenta

Dieser Strahl wirkt spirituell erhebend und erhöht die Schwingungen. Es ist eine Farbe, die Respekt gebietet. In ihr mischen sich Rot und Violett.

Der magentafarbene Strahl heilt meinen Körper, meinen Geist und meine Emotionen und läßt mich meine Aufgaben wirklich erkennen. Ich schaue vertrauensvoll in die Zukunft.

Ratsam ist es, vielleicht nur eine oder zwei dieser Affirmationen an einem Tag zu sprechen. Sie sollen Anregungen geben, mit denen Sie arbeiten können; nach einer Weile werden Sie Ihre eigene Ausdrucksweise finden, um das Wesen der verschiedenen kosmischen Strahlen zum Ausdruck zu bringen.

Hier sei noch eine universelle Affirmation zitiert, die man zu beinahe jeder Zeit sprechen kann, da sie hilft, uns der göttlichen kosmischen Energien bewußt zu werden, die unser ganzes Wesen, die Erde und den Kosmos durchströmen und umhüllen.

Ich bin zu jeder Zeit von heilenden kosmischen Strahlen umgeben und möchte sie ganz in mich aufzunehmen lernen.

Wenn wir morgens aufstehen, sollten wir Gott für den neuen Tag danken und nicht nur um Führung und Stärke bitten, um unsere Aufgaben erfüllen zu können, sondern auch darum, mit unerwarteten Ereignissen richtig umgehen zu können. Wir sollten von dem Vertrauen und Wissen erfüllt sein, daß wir alle nach einem göttlichen Plan leben, und so diesen neuen Tag ganz ausfüllen, denn das Gestern ist vergangen, und das Morgen ist noch nicht da. Wir sollten uns allzeit mit Licht umgeben, da es uns allen helfen wird.

Wenn wir in das Wassermann-Zeitalter hineinwachsen und unser Bewußtsein weiter wird, werden wir immer mehr über die Bedeutung der Lichtstrahlen erfahren, die uns ernähren und erleuchten. An uns liegt es dann, uns auf sie einzustimmen und uns mehr und mehr bewußt zu werden, daß wir aus pulsierender Lichtenergie bestehen.

Wie finde ich die richtige Farbe
für mich?

Entscheidend ist es, sich bewußtzumachen, daß man eine bestimmte Farbe braucht; man wird sehr bald merken, daß man diese Farbe plötzlich anzieht. Sie werden überrascht sein, wie oft Sie diese Farbe nun in Ihrer Umgebung bemerken, die Ihnen vorher gar nicht aufgefallen war.

Eine Möglichkeit, herauszufinden, welche Farbe wir brauchen, ist das Auspendeln. Die Größe und Form des Pendels ist nicht entscheidend; wichtig ist jedoch, daß Sie es vor der Befragung programmieren. Versuchen Sie herauszuspüren, mit welchen Bewegungen es Ihnen die richtige Antwort gibt: Beispielsweise könnte sich das Pendel im Uhrzeigersinn drehen, um ja zu sagen, gegen den Uhrzeigersinn, um nein zu sagen, und vor- und zurückschwingen, wenn die Frage unklar war; Sie müssen selbst entscheiden, bevor Sie mit dem Pendeln beginnen. Das Pendeln liegt nicht jedem, aber man sollte zumindest ausprobieren, ob man damit zurechtkommt. Man kann auch auspendeln, ob man auf bestimmte Kleidungsstücke oder Lebensmittel allergisch reagiert, wo bestimmte Mineralstoffe in der Erde enthalten sind und noch vieles mehr – und natürlich, welche Farbe wir brauchen.

Sie sollten klare und präzise Fragen stellen. Wenn wir pendeln, wenden wir uns an die rechte Gehirnhälfte, an unsere intuitive Seite. Die linke Gehirnhälfte analysiert und deutet an allem herum, der Verstand läßt uns oft an unseren intuitiven Fähigkeiten zweifeln. Wenn Sie ohnehin eine starke Intuitionsgabe haben, sollen Sie sich darauf verlassen, denn auch ein Pendel ist nur ein Werkzeug, und wenn wir uns zu sehr auf es

Die mystische Rose

Die sechs Farben symbolisieren die sechs Schöpfungstage. Im Inneren weisen sechs weiße Blütenblätter auf das weiße göttliche Licht hin. Die Mischung von je zwei Farben ergibt zur Mitte hin einen helleren Farbton.

Rot und **Orange** ergeben zusammen ein zartes **Lachsrosa,** die Farbe der bedingungslosen Liebe.

Orange und **Gelb** ergeben zusammen **Goldgelb,** die Farbe der Weisheit.

Gelb und **Grün** ergeben zusammen **Maigrün,** die Farbe der Brüderlichkeit und Einheit.

Grün und **Blau** ergeben zusammen **Türkis,** die Farbe, die Klarheit des Denkens symbolisiert.

Blau und **Violett** ergeben zusammen **Lavendelblau,** die Farbe hoher Ideale und der Hingabe an das Göttliche.

Violett und **Rot** ergeben zusammen **Magenta,** die königliche Farbe, in der sich Geist und Materie auf einer hohen Schwingungsebene vereinigen, Symbol des Edlen und Wahren, zu dem sich der Mensch erheben kann.

Die Meditation über dieses Mandala kann tiefes Wissen enthüllen.

Licht, Pigmente und Wahrnehmung

Primärfarben (physikalisch):
Rot, Grün, Blauviolett

Primärfarben (chemisch):
Rot, Gelb, Blau

Primärfarben (Wahrnehmung): Rot, Gelb, Grün, Blau
Im Silbergrau in der Mitte sind alle Farben vereint.

Farbe nehmen wir durch unsere Augen wahr, wobei wir vier Farben unterscheiden
– jede einzig in ihrer Art. Wir leben in einer Welt der Dualität: Licht und Dunkel.
Das eine bedingt das andere, und alle Manifestationen entstehen aus Dunkelheit.

Die Regenbogenfarben – das Spektrum

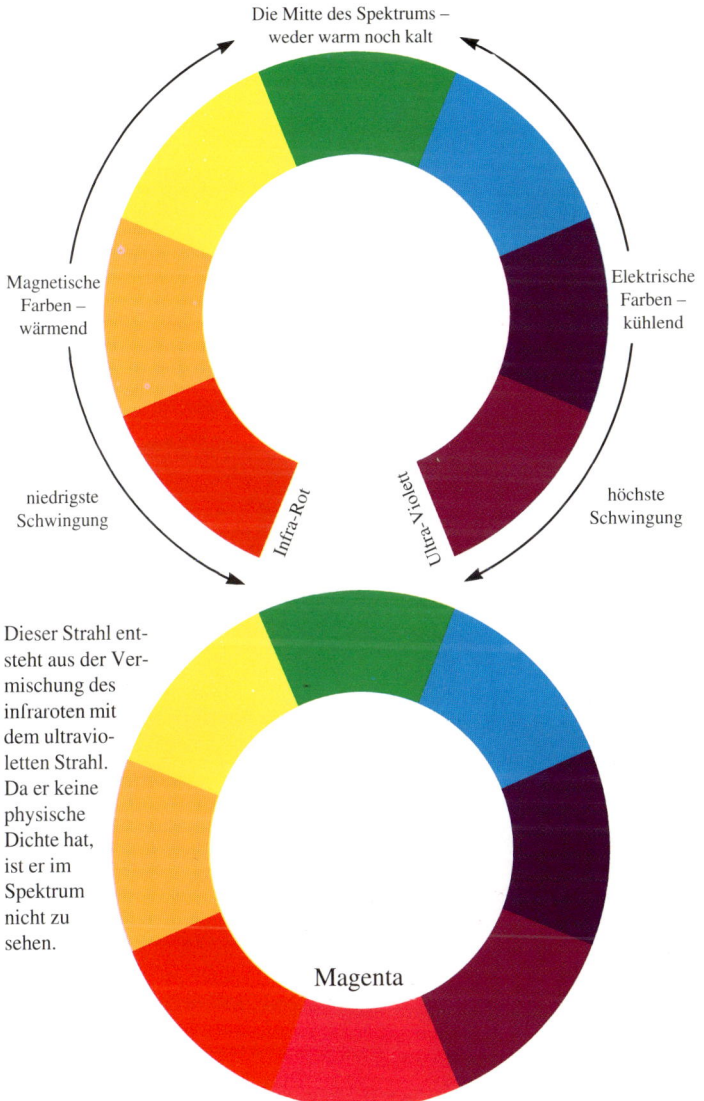

Die Mitte des Spektrums –
weder warm noch kalt

Magnetische
Farben –
wärmend

Elektrische
Farben –
kühlend

niedrigste
Schwingung

höchste
Schwingung

Infra-Rot

Ultra-Violett

Dieser Strahl entsteht aus der Vermischung des infraroten mit dem ultravioletten Strahl. Da er keine physische Dichte hat, ist er im Spektrum nicht zu sehen.

Magenta

Der magentafarbene Strahl

Die Farbräder

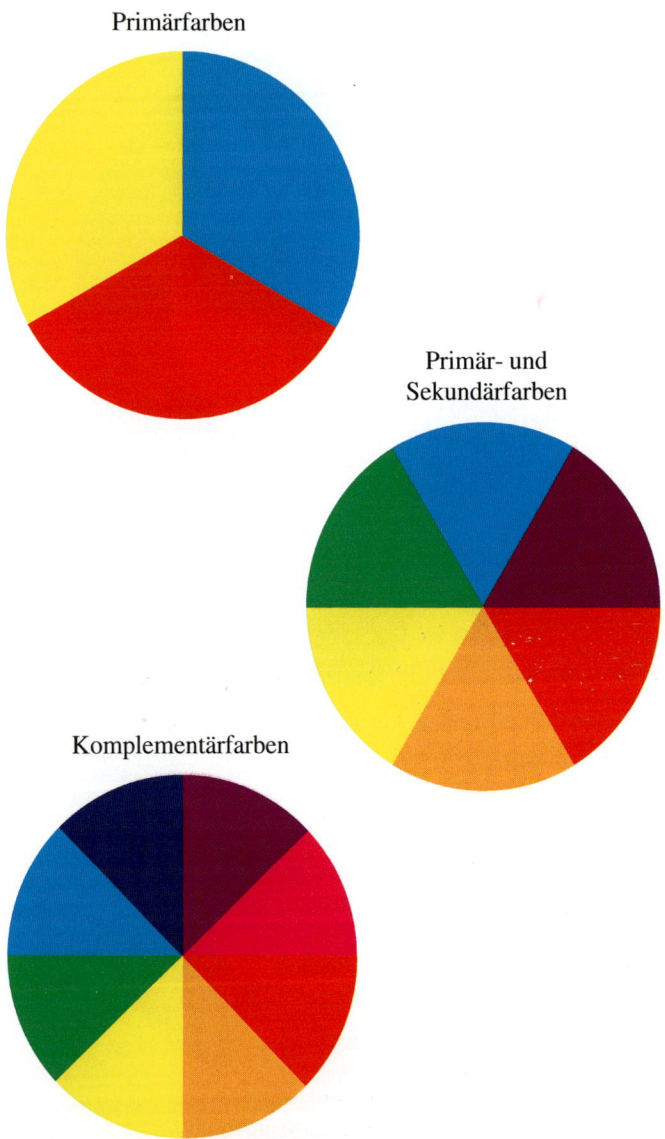

Primärfarben

Primär- und
Sekundärfarben

Komplementärfarben

Die diagnostische Farbtafel
Der magentafarbene Strahl

Die diagnostische Farbtafel
Der rote Strahl

Die diagnostische Farbtafel
Der orangefarbene Strahl

Die diagnostische Farbtafel
Der gelbe Strahl

Die diagnostische Farbtafel
Der grüne Strahl

Die diagnostische Farbtafel
Der blaue Strahl

Die diagnostische Farbtafel
Der türkisfarbene Strahl

Die diagnostische Farbtafel
Der violette Strahl

verlassen, können wir unsere Fähigkeit verlieren, uns auf unser höheres Selbst einzustimmen, das ohnehin schon sehr viel weiß. Es gibt auch Menschen, die sensitive Hände haben und einen Gegenstand und eine Farbe nur berühren müssen, um zu wissen, was gut für sie ist – wir dürfen nicht vergessen, daß wir alle sehr verschieden sind und man sich einer Sache auf hunderterlei Weise nähern kann.

Wenn Sie eine heilsame Farbe herausgefunden haben, die Ihnen nicht gefällt, sollten Sie sich nicht zwingen, sie zu tragen, denn dann werden die entsprechenden Kleidungsstücke irgendwann in der untersten Schublade verschwinden, weil Sie sie nicht mehr sehen können. Mit solchen Farben müssen Sie sich über längere Zeit hin schrittweise vertraut machen. Sehr wirkungsvoll sind z. B. die Farben, die wir unmittelbar auf der Haut tragen; wenn Sie also Rot brauchen und es nicht gerne als Kleidungsfarbe haben, könnten Sie es als Unterwäsche tragen. Die Energie der roten Schwingung wird dann trotzdem ihre Wirkung tun. Schwarz sollten Sie nicht auf der Haut tragen, ohne über die Wirkung dieser Farbe Bescheid zu wissen. Weiß strahlt alle Farben aus, Rosa wirkt beruhigend.

Interessant ist es, festzustellen, *warum* wir eine bestimmte Farbe nicht mögen; meist sagt das sehr viel über uns aus, und wir müssen dazu natürlich die positiven und negativen Attribute der jeweiligen Farbe kennen. Wir müssen versuchen, ehrlich uns selbst gegenüber zu sein und uns einmal aufrichtig unsere Schattenseiten einzugestehen. Wahrscheinlich sind wir auf den dunkleren Aspekt der betreffenden Farbe eingestimmt. Wir brauchen aber auch oft gerade die dunkleren Schattierungen einer Farbe, um etwas von der Kraft des betreffenden Strahls zu bekommen. Das kann vor allem für den grünen und den blauen Strahl gelten, wo wir dann Marine- oder Royalblau und dunkles Grasgrün brauchen.

Mit dem orangefarbenen Strahl scheinen viele Menschen die meisten Schwierigkeiten zu haben. Er ist am expressivsten und extrovertiertesten und sehr stimulierend. Wir brauchen alle etwas Orange in unserer Aura, vor allem, wenn wir an Kreislaufproblemen leiden. Dieser wunderbare Strahl befreit uns von Konditionierungen in der Vergangenheit und verleiht uns ein Gefühl der inneren Freiheit, er löst uns von den Dingen, an denen wir zu sehr hängen. Oft glauben wir etwas zu brauchen und merken dann, daß es uns nur aufhält. Doch viele Menschen können sich mit dieser Farbe nicht anfreunden, selbst wenn man ihnen sagt, wie positiv sie sich für sie auswirken kann. Die Farbe Orange steht in Zusammenhang mit der Perle, deren vollkommene runde Form entstanden ist, indem die Auster sie um ein störendes Sandkörnchen gebildet hat. Sie verkörpert Vollkommenheit und Reinheit, und wenn wir mit dem orangefarbenen Strahl eins werden, verwandelt er auch unsere Energie in eine höhere Schwingung.

Die meisten Menschen sehen diese Farbe heute in Zusammenhang mit Aktivität, Sport und Vergnügen, was wir natürlich alle brauchen. Doch wir sind spirituelle Wesen, die in einem physischen Leib wohnen, und können, jeder auf seine Weise, erstaunliche Dinge schaffen, wenn wir uns im höheren Sinn mit dieser Schwingung in Einklang bringen. Anstatt unsere schöpferische Energie allein über sexuelles Vergnügen aufzubrauchen, können wir beginnen, aus ebendieser Energie wunderbare Dinge zu gestalten.

Der rote und der orangefarbene Strahl haben natürlich mit geschlechtlicher Zeugung zu tun, doch wir sollten nicht vergessen, daß wir auf verschiedenen Ebenen zeugen und schaffen können, wenn wir diese Energie auf die gedankliche Ebene heben. Alles, was geschieht, war irgendwann einmal ein Gedanke oder eine Idee. Deshalb sollte man inspirierende Gedanken pflegen und nähren, bis sie sich irgendwann manifestieren und einen mit einer Freude erfüllen, die man aus anderen Dingen nicht beziehen kann.

Heute sind viele Menschen erschöpft und energielos, aber das liegt nur an dem falschen Gebrauch ihrer Energie. Wir müssen unsere Energien wieder aufladen, anstatt ständig an ihnen zehren zu lassen, und es ist der orangefarbene Strahl, der den Ätherleib neu beleben kann. Jede Krankheit manifestiert sich zunächst im Ätherleib, und wenn die Menschen einmal dieses Energiefeld selbst sehen oder doch zumindest durch Kirlian-Fotografien sichtbar machen können, werden wir wirklich zu einer präventiven Medizin kommen. Indem wir dieses Energiefeld durch Farbe und durch elektromagnetische Energie in allen Formen aufladen, können wir verhindern, daß Krankheiten sich überhaupt erst im physischen Leib manifestieren.

Wer gerne viel Blau trägt, sollte seine Garderobe zusätzlich mit einigen warmen Farben bestücken, denn Blau läßt uns ein wenig verschlossen und distanziert wirken. Es ist ganz allgemein nie gut für uns, eine Farbe zuviel zu tragen, denn alles sollte im Leben ausgeglichen sein. Farben, die Ihnen nicht stehen, sind wahrscheinlich in Disharmonie mit Ihrer Aura. Wenn Sie sich in einer Farbe wohl fühlen, stimmt sie auch mit Ihrer Aura überein, denn dann strahlen Sie Ihre wahren Farben aus. Wir müssen ein Gespür für diese Dinge entwickeln, da sie sich so sehr auf unser Wohlbefinden auswirken.

Sie werden wahrscheinlich merken, daß in verschiedenen Lebensphasen Ihre Vorlieben für gewisse Farben sich verändern. Das bedeutet, daß Ihre Schwingung sich verändert hat; da Ihre Interessen und Ansichten einer Wandlung unterworfen sind, beschäftigen Sie sich immer wieder mit neuen Dingen, und das hat seine Auswirkungen auf die Aura – die Farben, die Sie umgeben und die Farben in Ihnen –, und so wird auch die Wahl der Farben, die Sie für sich wählen, beeinflußt.

Als Kinder wußten wir genau, welche Farben wir mochten;

Eltern sollten immer darauf hören, welche Farben die Kinder vorziehen, und sie danach fragen. Sie werden meistens ziemlich entschiedene Antworten erhalten. Es hatte gute Gründe, warum man früher Babys in Pastellfarben kleidete: Die Aura von Kleinkindern ist noch sehr zartfarbig, und man forciert ihre Entwicklung, wenn man sie zu früh mit zu kräftigen Farben umgibt. Man muß sich nicht wundern, wenn die Kinder heutzutage überwach und unruhig sind. Anregung darf erst zur richtigen Zeit gegeben werden. In den allerersten Lebensjahren braucht ein Kind vor allem Liebe, Trost, Zuwendung und das Gefühl, willkommen zu sein – das ist die Grundlage für spätere Gesundheit und Zufriedenheit. Babys und Kleinkinder werden sehr stark von den Farben beeinflußt, die man ihnen zu tragen gibt; man sollte sie von Anfang an mit zarten, spirituellen Farben umgeben, damit sie in ihre liebevolle Ausstrahlung gehüllt werden; Rosa und zarte Blautöne sind für sie am besten geeignet.

Der rosafarbene Strahl ist weiblich, der blaue männlich, deswegen kleidete man Mädchen in Rosa und Knaben in Blau. Rosa entsteht durch eine Hinzufügung von Weiß zum roten Strahl, was eine Erdung ergibt – der blaue Strahl, »Himmelblau«, wird mit den höheren Welten assoziiert. Wenn ein Kind ein Jahr alt ist, kann man allmählich kräftigere Farben wählen, doch bei einem sehr passiven Kind sollte man länger bei den zarten Farben bleiben, um die Entwicklung nicht zu forcieren. Ich weiß, daß Kinder heute vor allem körperlich schneller reif werden als in der Vergangenheit; zum Teil ist diese Entwicklung jedoch der Tatsache zu verdanken, daß die Kinder heute viel zu vielen Stimulierungen und Einflüssen von außen ausgesetzt werden. Das sollte man bei der Farbwahl wie überhaupt bei der Gestaltung der äußeren Lebensumstände immer im Bewußtsein haben.

Wer in einer Firma verantwortlich dafür ist, welche Farben

von den Angestellten getragen werden, sollte über die Wirkung der einzelnen Farben genau Bescheid wissen. Wenn man die Angestellten marineblaue Kleidung tragen läßt, werden sie unpersönlich wirken, auch wenn sich ihre Leistungen steigern; fügen Sie dem Blau also eine andere, warme Farbe hinzu! Sie wird den Angestellten wie den Menschen, die mit ihnen zu tun haben, helfen, da sie dann nicht so abweisend wirken. Die Qualität und das Ergebnis der Arbeit werden beeinflußt von den Farben am Arbeitsplatz. Auf Angestellte wie auf Kunden haben schöne, angenehme Farben eine unmittelbare Wirkung. Grau sollte unbedingt vermieden werden, da es negative Gefühle wachruft. Ich hörte kürzlich von einer europäischen Firma, die ihre Angestellten grau einkleidete und daraufhin feststellen mußte, daß ihr Umsatz sank.

Es wird die Zeit kommen, in der man die Angestellten selbst befragen und abstimmen lassen wird, welche Farben sie tragen möchten. Ich hörte neulich in einem Friseursalon von dem Plan, die Angestellten schwarz zu kleiden. Die Folge davon wäre, daß sich die Kunden deprimiert fühlen und daß sie sich überlegen würden, ob sie wieder kämen. Sie gehen ja mit der Erwartung dorthin, sich besser zu fühlen und besser auszusehen, und würden sich dann, ohne zu wissen warum, bedrückt fühlen.

In dem Kapitel über das Heilen mit Farben habe ich aufgeführt, welche Farben Sie für bestimmte Gesundheitsstörungen brauchen und wie Sie sie anwenden können. Wenn sie mit autistischen Menschen arbeiten, sollten Sie gelegentlich Orange tragen, denn solche Menschen reagieren auf diese Farbe unmittelbar positiv.

Die Kraft der Farbstrahlen kann unser Leben verändern, unsere Gesundheit verbessern, unsere Muster transformieren, unsere Stimmungen und Reaktionen beeinflussen. Es gibt vielfältige Möglichkeiten, mehr Farbe in sein Leben zu bringen –

nicht nur durch Kleidung, sondern durch alles, was einen umgibt. Auch am Arbeitsplatz sollte ein Bewußtsein für die Farbgestaltung geweckt werden. Ob es im Büro, in der Fabrik, in Geschäften oder in öffentlichen Verkehrsmitteln ist – überall wirkt Farbe auf uns ein und sollte mit Bedacht ausgewählt werden.

Auf einer der Farbtafeln finden Sie das Farbrad. Finden Sie mit Hilfe des Pendels heraus, welche Farbe Sie im Augenblick brauchen. Das Pendel wird zwischen zwei Farben oszillieren. Mit Hilfe der Diagnose-Farbtafel können Sie nun herausfinden, ob Sie eine Tönung einer der beiden Farben oder beider Farben brauchen. Das Pendel wird ja oder nein sagen, wenn Sie es über die jeweilige Farbe halten.

Mit Hilfe des Pendels können Sie auch nach der Farbe suchen, die Sie beispielsweise für Ruhe, Aktivität oder Inspiration brauchen. Die Farbe, die beruhigend auf Sie wirkt, könnte beispielsweise ein Blau oder auch Violett sein – es ist also auf jeden Fall nützlich, das Pendel zu befragen.

Im Laufe der Zeit werden wir mehr Erfahrungen über die Wirkungen einzelner Farben sammeln. Wir vermögen dann auch, mit Hilfe des Pendels die richtigen Farben für andere hcrauszufinden, wobei wir uns immer danach richten sollen, was für den Betreffenden das Beste ist. Wir können die Farbe daraufhin entweder per Fernheilung auf ihn wirken lassen oder ihm erklären, daß ihm eine bestimmte Farbe helfen kann und warum. Wenn wir die Wirkung der Farbe vernünftig erklären können, werden wir bestimmt auf Einsicht stoßen.

Um uns spirituell weiterzuentwickeln, brauchen wir im Laufe der Zeit *alle* Farben; wir müssen uns nur auf ihre Schwingungen einstellen und mit ihren positiven Eigenschaften arbeiten, dann wird unser Leben farbiger, kraftvoller und erfüllter sein.

Ernährung und Farbe

Das Interesse an gesunder Ernährung ist heute sehr gewachsen; wir können inzwischen fast schon auf allen Etiketten nachlesen, aus welchen Inhaltsstoffen die verschiedenen Nahrungsmittel bestehen, und die Zahl der Naturkostläden nimmt erfreulicherweise zu. Wir sollten nur naturbelassene Lebensmittel – wenn möglich aus biologisch-organischem oder biologisch-dynamischem Anbau – zu uns nehmen, und je mehr die Nachfrage nach solchen Produkten wächst, desto leichter und erschwinglicher werden sie auch zugänglich sein. Abgesehen von Industriezucker und -mehl sollten wir auf jeden Fall künstliche Farbstoffe und Konservierungsstoffe meiden. Die heute benutzten chemischen Dünger bringen die Natur wie unseren Organismus aus dem Gleichgewicht. Frische, biologische Früchte und Gemüse, Getreide, Nüsse und kaltgepreßte Öle sind die gesündesten Nahrungsmittel und geben uns am meisten Energie.

Es gibt eine Reihe guter Bücher auf dem Markt, die Spezialitäten für die verschiedenen Krankheiten vorschlagen; beispielsweise sollten Menschen, die an Arthritis leiden, Fleisch in jeder Form meiden (Menschen, die diesem Rat gefolgt sind und sich vorwiegend von Frischkost ernährt haben, konnten eine spürbare Besserung feststellen). Abgesehen von der Qualität und Herkunft der Lebensmittel, ist jedoch auch ihre Farbe von Bedeutung. In einem Krebskrankenhaus in Bristol, England, gehören zur Diät frischer Karottensaft und viele grüne Salate. Die Farbe der Karotten nährt uns mit dem orangefarbenen Strahl, er lädt das System wieder auf, gibt uns Energie und Vitalität und stärkt im Fall einer Krebserkrankung den

Lebenswillen. Die Farbe Grün, Komplementärfarbe zu Orange und Ergänzung des grünen Strahls, die man in grünen Salaten und Gemüsen findet, steht für das Gleichgewicht in der Natur und die Kraft zum Neubeginn. Wenn das Körpersystem sein göttliches Gepräge verloren hat, kann ihm der grüne Strahl wieder Harmonie zuführen. Jede Krankheit ist nichts als Disharmonie im Körper, die man auch dadurch wiederherstellen kann, daß man Nahrungsmittel von der für die entsprechende Krankheit heilkräftig wirkenden Farbe zu sich nimmt (siehe »Therapeutische Wirkungen der Farben«, Seite 77).

Bei Anämie (Blutarmut) fehlt einem der rote Strahl. Im Blut ist zuwenig Eisen, deshalb sollte man rote Lebensmittel zu sich nehmen. Wenn der rote Strahl im System zur Wirkung kommt, bildet er Ionen. Das sind winzige Partikel im physischen Körper, die elektromagnetische Energie enthalten und die die eisenhaltigen Salzkristalle in Eisen und Salz aufspalten. Das Eisen wird absorbiert und das Salz ausgeschieden. Rote Lebensmittel helfen auch bei Schleimhauterkrankungen und Nebenhöhlenentzündungen, die oft daher rühren, daß man zu viele Milchprodukte zu sich nimmt, die das System verunreinigen. Wenn man Rillen in den Fingernägeln hat, weist das ebenfalls auf eine Verunreinigung des Systems hin; in diesem Fall sind orangefarbene Früchte wie Orangen, Pfirsiche, Aprikosen usw. ideal. Vor allem Orangen sind reich an Vitamin C; der orangefarbene Strahl stärkt das Immunsystem, das heute stark angegriffen wird, da wir in einer verschmutzten Umwelt leben. Alles, was wir essen, das Wasser, das wir trinken, und die Luft, die wir einatmen, wirken sich gesundheitlich aus. Auch das Gelée royale der Bienen kann unser Immunsystem stärken, uns Energie geben und den Körper im allgemeinen wieder mit neuer Lebenskraft erfüllen – durch die Kraft des orangefarbenen Strahls.

Wir alle brauchen bis zu einem gewissen Maß den roten und

den orangenfarbenen Strahl, denn abgesehen von der Energie, die sie uns verleihen, beeinflussen sie die Blutzusammensetzung günstig, erden uns und laden unsere magnetischen Energien wieder auf, was von größter Bedeutung ist. Wenn unser magnetisches Feld schwach ist, bekommen wir eher Erkältungen und andere Infektionen – wenn wir uns stark fühlen, kann unser Immunsystem alle Eindringlinge bekämpfen. Wir kennen das sicher: Sobald wir etwas angeschlagen sind, schnappen wir alles mögliche auf und brauchen lang, bis wir uns wieder erholt haben, da unsere Aura keine Energie ausstrahlt, also Krankheitskeime nicht abstößt, sondern absorbiert.

Viele Menschen, die besonders vital und voller Energie sind und einen klaren Kopf haben, leben hauptsächlich von ungekochter Nahrung (vor allem Gemüse, Früchte und Getreide) – sie töten die Lebensenergie, die in den Nahrungsmitteln enthalten ist, nicht ab. Oft ziehen sie es auch vor, auf dem Land zu leben, um nicht andauernd verschmutzte Luft einatmen zu müssen. In manchen Teilen der Welt gibt es Menschen, die weit über hundert Jahre alt werden; auch sie ernähren sich bekannterweise gesund, leben vor allem auf dem Land oder in den Bergen, schlafen früh und recht kurz und haben ausreichend Bewegung.

Es ist für unsere Gesundheit von entscheidender Bedeutung, an welchem Ort wir leben; wir sollten so oft wie möglich die Stadt hinter uns lassen. Menschen, die auf Lehmboden leben, haben eine stark geerdete Energie, weil dort die Erdanziehungskraft stärker wirkt als auf sandigem Boden. Sie müssen zwar um alles härter kämpfen, sind aber auch oft Menschen, die Ausdauer und Entschlossenheit entwickeln. Wer auf sandigem Boden lebt, muß sich bemühen, sich mehr zu erden, da seine Energien luftiger und unbeschwerter sind.

Man hat festgestellt, daß bestimmte Krankheiten an bestimmten Orten häufiger auftreten; dafür kann es jedoch verschiedenste Gründe geben. Auch die Herkunft von Lebensmitteln kann sich auf uns auswirken. Wir sollten möglichst nur Lebensmittel essen, die aus unserem Lebensbereich stammen. Wir importieren heute aus allen Teilen der Welt die verschiedensten Eßwaren, die zwar reizvoll sein mögen, in manchen Fällen jedoch unseren feinstofflichen Körper angreifen können, da sie uns mit den Energien in Verbindung setzen, die ihren Herkunftsort und ihre Herstellung prägten. Wir haben alle schon bemerkt, wie das Wasser oder die Ernährung am Ferienort uns aus dem Gleichgewicht bringen können und oft Verstopfung verursachen. In einem solchen Fall sollte man viel Mineralwasser mit Zitronensaft trinken; es hilft, die Giftstoffe aus dem System zu entfernen. Der gelbe Strahl ist ein wunderbares Mittel zur Reinigung.

Auch die Ernährung in Krankenhäusern, Kindergärten und Schulen müßte umgestellt werden. Die Ernährung des Kindes beeinflußt die Gesundheit des Erwachsenen. Gerade bei Kindern ist es sehr wichtig, auf die Vielfalt der Farben in der Ernährung zu achten. Ein Kind, das ohnehin schon schlecht ißt, wird sich von eintönigem, farblosem Essen abgestoßen fühlen. Wenn man beispielsweise einem grünen Salat Karotten, feingeschnittenen Rotkohl oder Rettich, Radieschen oder Tomaten hinzufügt, wirken allein schon die leuchtenden Farben appetitanregend.

Patienten in Krankenhäusern werden nicht wegen der Ernährung, sondern trotz ihr gesund. In allen Krankenhäusern müßte ein Ernährungswissenschaftler zur Beratung hinzugezogen werden, und es müßte eine Möglichkeit geben, sich vegetarisch zu ernähren. Leichte Ernährung ist gerade nach schweren Operationen sehr notwendig; ebenso könnten die Farben der Speisen sich auf das Wohlbefinden der Patienten auswirken. Wenn wir akzeptieren, daß uns in Krankenhäusern, Kantinen, Hotels und Restaurants Essen zugemutet wird, das uns nicht guttut oder nicht wertvoll ist, und stillschweigend alles hinnehmen, wird sich auch nichts ändern.

Wenn wir Früchte wie Blaubeeren oder Heidelbeeren essen, sollten wir uns bewußt sein, daß wir damit den blauen oder indigofarbenen Strahl in uns aufnehmen. Es sind heilende Strahlen, die eine schnellere Schwingung haben und den Körper reinigen. Ein Zuviel kann allerdings Durchfall verursachen. Blaue und »weiße« Trauben, die nur in einem warmen, sonnigen Klima wachsen, erfüllen uns mit dem Licht und der Kraft der Sonne, wenn wir sie essen.

Viele Menschen entfernen von allen Gemüsen und Früchten die Haut, die auch manchmal unverdaulich sein kann, oft jedoch sehr gut für uns ist, da sie mehr Licht absorbiert hat. Das gilt für alle Nahrungsmittel, die über dem Erdboden wachsen; was unter der Erde gewachsen ist, absorbiert die Erdenergien – wir brauchen beide Kräfte gleichermaßen und sollten deshalb auf eine ausgeglichene Ernährung achten.

Sehr hilfreich können Nahrungsmittel von gelber Farbe sein, wenn unser Nervensystem angegriffen ist. Doch für jemanden, der zu Hysterie neigt, würde durch den gelben Strahl alles möglicherweise noch schlimmer. Er braucht viel Grün, sollte also viel grünes Gemüse essen und zudem Karotten und andere Nahrungsmittel, bei denen der orangefarbene Strahl dominiert.

Wir müssen zu unseren natürlichen Rhythmen zurückkehren, die uns heute fast vollständig verlorengegangen sind, denn wir sind ein Teil der Natur und sollten uns mit dem Zyklus der Jahreszeiten in Einklang bringen. So ist es wichtig, die Nahrungsmittel zu essen, die der Jahreszeit entsprechen, und die Früchte zu genießen, von denen eine Fülle vorhanden ist. Wichtig ist es auch, vor allem Gemüse nie zu lange zu kochen, sondern nur in wenig Wasser so kurz wie möglich zu dünsten, da man sonst die in ihm enthaltenen Kräfte mit dem Kochwasser wegschüttet. *Nach* dem Dünsten sollte immer kaltgepreßtes Öl hinzugefügt werden.

Wenn wir uns bei der Auswahl und Zubereitung der Speisen bewußt mit den Farben beschäftigen, werden wir erleben, daß uns die kosmischen Strahlen buchstäblich nähren. Es folgt hier eine Aufstellung verschiedener Lebensmittel nach Farben, die Sie selbst vervollständigen können. Der indigofarbene Strahl wird in diesem Fall dem blauen Strahl zugeordnet; interessanterweise stimmen einige Lebensmittel des roten Strahls mit denen des violetten Strahls überein.

Nahrungsmittel und Farben

Der rote Strahl
rote Bete
Radieschen
Auberginen
Apfel mit roter Schale
Erdbeeren
rote Johannisbeeren und alle anderen Früchte mit roter Schale
Brombeeren
schwarze Johannisbeeren
rote Paprikaschoten
Tomaten

Der orangefarbene Strahl
Orangen und Orangensaft
Mangofrüchte
Wassermelonen
Pfirsiche
Aprikosen
Karotten
Kakifrüchte

Der gelbe Strahl
gelber Paprika
Grapefruit
Mais
Kartoffeln
Honigmelonen
Bananen
Kürbis
Ananas
Zitronen

Der grüne Strahl
alle grünen Gemüse und grünen Salate

Der blaue Strahl
Pflaumen
Blaubeeren
Heidelbeeren

Der violette Strahl
Auberginen
violette Brokkoli
Blätter und Stengel von roten Beten
blaue Trauben
Brombeeren

Farben und Zahlenspiele

Nichts in unserem Universum ist zufällig, alles ist Harmonie auf allen Ebenen. So hatten auch die Zahlen immer eine tiefere Bedeutung. Es geht nur darum, den Schlüssel zu finden, der uns diese Welt eröffnet, und durch die richtige Deutung Zugang zu diesem tieferen Wissen zu bekommen.

Auch bei Zahlen haben wir es mit Schwingungen zu tun; die Schwingungszahl für die Erde ist Sieben. Erinnern wir uns, wie oft wir der Zahl Sieben begegnen: Sieben Tage bilden eine Woche, es gibt in der Musik sieben Noten, wir zählen sieben Meere und die sieben wichtigsten Planeten, und in allen alten Lehren wird von den sieben Chakras im Menschen gesprochen. Im menschlichen Leben ist der Siebenerrhythmus von großer Bedeutung; man weiß, daß alle Körperzellen innerhalb von sieben Jahren erneuert werden. In der Zahl Sieben sind aber auch die Symbole für die himmlische und die irdische Welt enthalten. Wenn wir ein Dreieck mit drei gleichen Seiten vor uns haben, sehen wir in seiner harmonischen Form ein Symbol des Göttlichen. Das Dreieck enthält aber noch vier weitere gleichseitige Dreiecke (siehe Zeichnung). Die Zahl Vier verkörpert die Erde; wenn wir nun die Zahl Drei und die Vier zusammenzählen, haben wir die Sieben. Die vier Dreiecke innerhalb des großen Dreiecks sind ebenso in Harmonie miteinander wie die drei Spitzen des Dreiecks. Bilden wir jedoch auf der Basis der vier ein Quadrat (siehe Zeichnung), so haben wir vier Ecken. Das Quadrat verkörpert unsere irdische Wirklichkeit; in uns verbirgt sich jedoch auch die göttliche Harmonie des Dreiecks. Schon die Alten haben durch ihre Aufforderung »Erkenne dich selbst« auf das darin liegende Geheimnis hingewiesen. Wir alle neigen dazu, Glück und Frieden in der Außenwelt zu suchen, doch sie sind nur in uns selbst zu finden. Gott ist in uns, die Harmonie ist in uns, wir müssen nur an uns arbeiten und unsere Schwingungen heben. Das können wir erreichen, wenn wir den tieferen Sinn der Farben erkennen und uns selbst im Licht sehen. Wie alles Farbe ist, so ist auch alles Zahl.

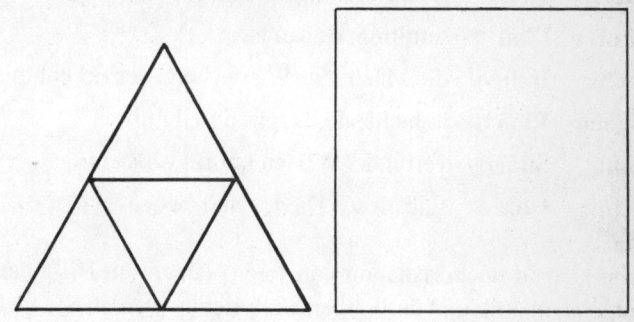

Die Zahlen und ihre Schwingung

Eins   Führereigenschaften, Unabhängigkeit

Zwei   Anpassungsfähigkeit, Zurückhaltung, sucht Harmonie

Drei   der reine Künstler

Vier   praktischer Sinn, Selbstdisziplin

Fünf   Kommunikation, Neigung zur Zersplitterung

Sechs   Verantwortungsfühl, Organisationstalent

Sieben   Sensibilität und höheres Bewußtsein

Acht   Ausgleich von Geist und Materie, Geschäftstüchtigkeit, (materieller) Erfolg

Neun   selbstloses Geben und Dienen, Güte

Die Farben und ihre Schwingung

Eins	Rot	Willenskraft, Zielstrebigkeit
Zwei	Orange	Kreativität, Selbstausdruck, führt zu Vertrauen
Drei	Gelb	Intellekt, Ideen
Vier	Grün	Energie, Ausgleich und Harmonie
Fünf	Blau	Intuition, Bewußtsein
Sechs	Indigo	die Macht des Wissens und der Erkenntnis
Sieben	Violett	hohe Ideale, Inspiration, Intuition
Acht	Silber	verbindet Wissen mit Bewußtsein
Neun	Gold	selbstloses Dienen und Geben

Wenn Sie Ihr Geburtsdatum und Ihren Namen mit Hilfe der Zahlensymbolik und der Farben analysieren, werden Sie viel über Ihr wahres Selbst und Ihre Entwicklungsmöglichkeiten erfahren und sehen, ob Sie Ihre Begabungen nutzen, wie Sie anderen Menschen gegenüber reagieren, ob Sie sich durchsetzen können oder eher zurückhaltend sind und in welchen Bereichen Sie Ihre Fähigkeiten noch besser einsetzen könnten.

Im folgenden finden Sie einige Beispiele für die Auslegung. Ausgehend von Ihrem Geburtsdatum, können Sie, wie in den Beispielen dargelegt, eine Gesamtzahl errechnen, aus der sich Ihre Grundschwingung ergibt. Auch die anderen Zahlen haben noch eine zusätzliche Bedeutung, wie Sie sehen werden. Die ungeraden Zahlen symbolisieren das männliche Prinzip, die geraden das weibliche.

Die Schwingung der Eins – der rote Strahl

Die Eins bedeutet die Fähigkeit, die Führung zu übernehmen, Initiative und den Mut, sie einzusetzen. Es sind unabhängige Menschen, in ihrem Denken oft Pioniere auf ihrem Gebiet. Sie übernehmen Verantwortung und sind immer auf irgendeine Weise aktiv.

Die Eins hat eine starke männliche Energie in Verbindung mit dem Vater-Prinzip, und wenn der Betreffende dem weiblichen Prinzip in sich keinen Raum gibt, kann er unsensibel und dominierend werden. Eine gewisse Selbstüberheblichkeit und der Wunsch, im Mittelpunkt zu stehen, können eine Rolle spielen. Wenn die Zahl eins im Geburtsdatum vorkommt, auch wenn sie nicht die Endzahl ist, hat der Betreffende Führungseigenschaften. Möglicherweise sind sie bisher noch nicht zutage getreten, doch wenn man sich ihrer bewußt wird, sollte man sie nutzen und die Energie in sich selbst mit Hilfe des roten Strahls aktivieren. Als Kind sind Sie vielleicht manchmal unterdrückt worden und konnten Ihre Fähigkeiten nicht zum Ausdruck bringen – erst wenn man das weiß, kann man sein wahres Selbst entdecken und seine Energie nutzen.

Beispiel:
Geburtsdatum: 4. März 1947
Wir addieren die Zahlen, bis wir sie auf eine Grundzahl reduziert haben.

$$4.\ 3.\ 1947$$
$$4 + 3 + (1+9) + (4+7)$$
$$4 + 3 + (1+0) + (1+1)$$
$$4 + 3 + 1 + 2$$
$$4 + 3 + 3 = 10 = 1$$

Es handelt sich hier um einen Menschen mit der Schwingung der Eins, der deshalb eine Führerpersönlichkeit ist, bestimmt wenig Schwierigkeiten hat, sich ins rechte Licht zu setzen, und seine Energie auf vielfältige, konstruktive Weise nutzen kann. Die Schwingung der Eins steht in Zusammenhang mit dem roten Strahl; dieser Mensch hat also sehr viel Energie, die, wenn sie nicht positiv eingesetzt wird, sich auch destruktiv auswirken könnte. Solche Menschen brauchen einen Beruf, der sie erfüllt, da sie sich sonst so frustriert fühlen, daß sie möglicherweise Unheil anrichten. Ihr Potential können Sie vielfältig einsetzen.

Die Zahl Vier weist auf einen Menschen hin, der praktischen Sinn und Selbstdisziplin hat, die Dreierschwingung spricht dafür, daß er über viel Kreativität verfügt, die er zum Ausdruck bringen muß, wenn er Frustrationen vermeiden will. (Eine Meditation über die Pfirsichfarbe des orangefarbenen Strahls könnte ihm helfen, seine Kreativität zum Ausdruck zu bringen.)

Wenn wir den Tag und den Monat unseres Geburtstages zum laufenden Jahr hinzuzählen, erhalten wir unsere »Jahres-Zahl«. Nehmen wir als Beispiel das Jahr 1988 (in dem dieses Buch entstanden ist):

1988 ergibt 8: $(1+9) = 10 = 1 + 0 = 1; 8 + 8 = 16 = 1+6, 1 + 1 + 6 = 8$, also die Zahl des Gleichgewichts zwischen Geist und Materie; ein Jahr, das viele Veränderungen mit sich brachte. Wenn wir den obigen Geburtstag und Monat zum Jahr 1988 hinzuzählen, ergibt sich folgende Rechnung:

$$4.\ 3.\ 1988$$
$$4 + 3 + 1 + 16$$
$$1 + 5 = 6$$

Die Zahl Sechs bedeutet, Verantwortung für das eigene Handeln zu übernehmen. Da die Acht das Jahr des Ausgleichs ist, ging es uns in diesem Jahr darum, uns von den Schlacken der Vergangenheit zu befreien. Dabei war Vergeben und Loslas-

sen sehr wichtig; es brachte viele Veränderungen und Neu-
orientierungen mit sich, die in den darauffolgenden Jahren
Früchte tragen. Anhand dieses Beispiels können Sie sich für
das Jahr, in dem Sie dieses Buch lesen, die entsprechende Zahl
ausrechnen.

Die Schwingung der Zwei – der orangefarbene Strahl

Anpassungsfähigkeit, die Harmonie sucht: diese Schwingung
bedeutet Dualität, positiv und negativ, männlich und weiblich,
usw. Die Zahl Zwei ist das Gegenteil der Zahl Eins, die ganz
Eindeutigkeit ist. Diese Menschen sind anpassungsfähig, sie
vermeiden Konflikte, haben aber starke Stimmungen und Gefühle. Sie können sehr liebenswürdig sein und arbeiten gerne
mit anderen zusammen, können es einem jedoch nicht verzei-
hen, wenn man es als selbstverständlich nimmt, was sie tun.
Sie lieben ihr Zuhause, brauchen es als Basis, ohne die sie sich
verloren fühlen würden. Wenn sie etwas gefunden haben, das
sie interessiert, werden sie sich mit allen Kräften dafür einsetzen und auch viel zustande bringen. Sie sind keine Intellektuellen, können aber sehr gescheit sein. Es macht ihnen große
Freude, für jemand anderen zu arbeiten; es gibt jedoch Zeiten
in ihrem Leben, in denen sie viel Unterstützung und Zuwendung von anderen Menschen brauchen.

Die Zweierschwingung entspricht dem orangefarbenen Strahl,
den es nach Ausdruck drängt, sie haben das Bedürfnis, ihre
Begabung dafür einzusetzen, eine schöne Umgebung zu schaf-
fen, an der sich jeder erfreuen kann. Sie müssen immer etwas
Schöpferisches tun, da sie sich sonst leicht frustriert fühlen.
Sie neigen eher zur Zurückhaltung, sollten sich aber für ihre
Belange einsetzen, denn sie haben einen inneren Reichtum,
von dem sie abgeben können, und wissen das auch.

Beispiel:
Geburtsdatum: 21. Februar 1941

21. 2. 1941
3 + 2 + 1 + 5
3 + 2 + 6 = 11 = 2

Wenn die Zahl Zwei im Geburtsdatum vorkommt und, wie hier, sogar zweimal erscheint, ist man ein sehr zurückhaltender, wahrscheinlich schüchterner Mensch, der Ermutigung in allem braucht, was er tut. Es ist viel Kreativität in ihm verborgen (2 + 1 = 3), und angeregt durch die guten Ideen der Zahl Fünf, könnte die Zahl Eins die Initiative für künstlerisches Tun ergreifen. Dies ist ein Mensch, der sein Zuhause liebt, aber weiterreichende Ziele braucht, um Erfüllung zu finden.

Fügen wir diesem Geburtstag als Beispiel das Jahr 1988 hinzu, ergibt sich folgende Rechnung:

21. 2. 1988
3 + 2 + 1 + 16
3 + 2 + 8 = 13 = 4

Die Zahl Vier steht für praktischen Sinn und Selbstdisziplin; 1988 wäre also für diesen Menschen kein einfaches Jahr gewesen, jedoch eine Möglichkeit, die eigenen Angelegenheiten zu klären, einen Neubeginn zu wagen, neue Ziele und neue Interessen zu finden.

Die Schwingung der Drei – der gelbe Strahl

Die Zahl Drei symbolisiert Kreativität. Hier haben wir den schöpferischen Menschen. Kreativ zu sein ist eine der höchsten Ausdrucksformen des Menschen. Wir können auf vielen Ebenen schöpferisch sein. Wir können Kinder hervorbringen, Kunstwerke, eine schöne Umgebung, aber wir sollten uns immer bewußt sein, daß wir mit dem leben müssen, was wir hervorbringen, etwas, das sich Menschen mit der Dreierschwingung immer wieder klarmachen müßten. Für diese Menschen ist es besonders wichtig, Freude am Leben zu finden. Sie geben gern viel Zeit und Energie für andere, brauchen es aber auch, daß man sie braucht und liebt. Meist haben sie einen großen Freundes- und Bekanntenkreis und beschäftigen sich mit vielerlei interessanten Dingen.

Ein Mensch mit dieser Schwingung ist davon überzeugt, daß das Leben kreativer und lustvoller ist, als die meisten Menschen ahnen; sie haben deshalb die Fähigkeit, andere anzuregen und diese zu geistigem Leben zu erwecken. Der gelbe Strahl der Ideen und der geistigen Fähigkeiten, der mit dieser Schwingung zusammenhängt, kann sich bei solchen Menschen auf vielfältige Weise äußern.

Beispiel:
Geburtsdatum: 7. Mai 1971

> 7. 5. 1971
> 7 + 5 + 1 + 8
> 7 + 5 + 9 = 21 = 3

Die Schwingung der Drei vermag ihre Kreativität sicher gut umzusetzen mit Hilfe der Fünferschwingung im Geburtsdatum, die für Kommunikation, Ideen und Vielseitigkeit sorgt. Zudem ist hier durch die Sieben die Sensibilität vorhanden, die ein wahrer Künstler braucht. Ein Mensch mit diesem Geburtsdatum könnte es auf künstlerischem Gebiet recht weit bringen und durch seine Schöpfungen, ob er nun Maler, Bildhauer oder Designer ist oder sonst etwas gestaltet, vielen Menschen Freude machen. Die Dreierschwingung könnte auch auf einen Wissenschaftler hinweisen, der durch seine Sensibilität der Menschheit neue Ideen bringt – wenn man auf den gelben

Strahl des Wissens und der geistigen Wachheit eingestimmt ist, sind den Ausdrucksformen kaum Grenzen gesetzt. Die Schwingung der Neun verleiht solch einem Menschen zudem die Sehnsucht, zu dienen und anderen auf irgendeine Weise zu helfen; wenn keine Möglichkeit gefunden wird, diese Energie einzusetzen, wäre der Betreffende recht unglücklich.

Wenn wir zu diesem Geburtstag zum Beispiel das Jahr 1988 hinzuzählen, ergibt sich folgendes:

7. 5. 1988
7 + 5 + 1 + 16
7 + 5 + 8 = 20 = 2

In diesem Jahr brauchten Sie wahrscheinlich Anstöße, um das fertigzubringen, was getan werden mußte. Die Schwingung der Zwei fördert die Anpassungsfähigkeit, das Bedürfnis nach Harmonie. Mit der Sensibilität der Zahl Sieben und der Fünferschwingung des blauen Strahls ist hier wahrscheinlich eine Tendenz vorhanden, in sich zu gehen und über das eigene Leben nachzudenken, bevor weitere Schritte unternommen werden.

Die Schwingung der Vier – der grüne Strahl

Hier herrscht praktischer Sinn vor. Bitten Sie solch einen Menschen, etwas für Sie zu tun, und er wird sich nach Kräften bemühen. Für ihn muß alles Sinn und Ziel haben, denn er ist realistisch und objektiv. Entweder verfügt er schon über viel Selbstdisziplin, oder er hat sich inkarniert, um Selbstdisziplin zu lernen – dies ist das Hauptthema der Schwingung der Vier. Solche Menschen können zugleich großzügig und knauserig sein; dieses Paradox erklärt sich aus der Verbindung von praktischem Denken, Diszipliniertheit und dem Bedürfnis des grünen Strahls nach Gleichgewicht und Expansion. So widmen sich diese Menschen anderen auf vielerlei Weise. Sie sind gute Ärzte und Krankenschwestern oder auch Lehrer. Meist haben sie viel Vitalität und können beträchtliche Lasten auf ihren Schultern tragen, sind auch gute Berater und Therapeuten, haben aber die Neigung, sich zuviel Sorgen zu machen, selbst dort, wo gar kein Anlaß dazu besteht. Sie haben Verständnis für die Bedürfnisse der Menschen und können sehr mitfühlend sein. Es ist für sie wichtig, von anderen Anregungen zu bekommen, da sie manchmal zu einer gewissen Trägheit neigen. Das hängt mit dem grünen Strahl zusammen, der als ausgleichendes und ruhendes Element in der Mitte des Spektrums liegt. Doch so wichtig Harmonie für uns alle ist – Bewegung ist ebenso wichtig. Die Vier ist eine sehr erdhafte Zahl (man denke nur an die vier Menschheitsrassen, die vier Jahreszeiten, die vier Elemente oder auch die vier Himmelsrichtungen).

Beispiel:
Geburtsdatum: 19. Juli 1958

$$19. 7. 1958$$
$$10 + 7 + 1 + 13$$
$$1 + 7 + 5 = 13 = 4$$

Hier handelt es sich um einen Menschen mit praktischem Sinn, der durch seine Betonung der Einserschwingung wahrscheinlich die Ziele, die er sich gesteckt hat, auch meist erreicht. Durch die Eins und die Vier verbinden sich roter und grüner Strahl: Komplementärfarben, die sehr harmonisch zusammenwirken können. Wenn solch ein Mensch wirklich ein Ziel findet, für das er seine Energien einsetzen kann, wird ihm vieles gelingen. Die Siebenerschwingung bedeutet seelische Offenheit und Verletzlichkeit – man sollte also hier vorsichtig sein, sich nicht zu sehr mit den Problemen anderer Menschen zu identifizieren. Die Fünferschwingung bedeutet, daß der Betreffende viele Ideen und Interessen hat und in seiner Offenheit auch oft sehr erfinderisch ist. Irgendwann im Leben wird er sich wahrscheinlich sehr für spirituelle Weltanschauungen interessieren, und es sollte ihm bei dieser Zahlenkombination möglich sein, sein Wissen anderen auf einfache, verständliche Weise mitzuteilen. Es besteht die Möglichkeit für Expansion auf vielen Ebenen.

Wenn wir das Geburtsdatum mit dem Jahr 1988 addieren, ergibt sich folgendes:

$$19. 7. 1988$$
$$10 + 7 + 1 + 16$$
$$1 + 7 + 8 = 16 = 7$$

In diesem Jahr haben Sie womöglich viel zustande gebracht und viele alte Angelegenheiten regeln können. Mit der Siebenerschwingung waren Sie wahrscheinlich so inspiriert, daß Sie sich Ihrer Aufgabe bewußt wurden, und die Einserschwingung gab Ihnen die Energie und die Entschlossenheit, auch alle Einsichten in die Tat umzusetzen. Es war eine Zeit, in der Sie sich fragten, wohin Ihr Weg Sie führen würde und was eigentlich Ihre Lebensaufgabe ist. Wenn Sie sich zuvor noch nicht damit beschäftigt hatten, war dies das Jahr, in dem Sie begannen, sich mit dem tieferen Sinn des Lebens auseinanderzusetzen.

Die Schwingung der Fünf – der blaue Strahl

Fünf ist die Zahl der Kommunikation. Diese Menschen müssen darauf achten, daß Sie sich nicht zersplittern und dadurch kostbare Zeit verlieren. Sie sollten sich auf ein Ziel konzentrieren und sich nicht ablenken lassen. Ein Mensch mit dieser Schwingung muß einen Weg finden, sich auszudrücken – sei es durch Sprache, durch Schreiben, durch Singen, durch irgendeine Form der Kommunikation, da er sonst dazu neigt, sich zu sehr zu verschließen – ein negativer Aspekt des blauen Strahls. Diese Menschen haben feste Meinungen und einen ausgeprägten Geschmack, sie können kritisch und ungesellig sein und beschäftigen sich gerne mit ihrer Gesundheit. Sie sind sehr ruhelos und brauchen viel Freiraum; oft haben sie nicht genügend Energie und verausgaben sich zu sehr; deshalb ist es wichtig für sie, inneres Gleichgewicht zu finden. Auch sollten sie sich um mehr Flexibilität bemühen. Sie haben das Bedürfnis, daß sich immer wieder etwas verändert, und brauchen immer wieder neue Ideen, um in Schwung zu bleiben.

Die Zahl Fünf steht in Verbindung mit den fünf Tugenden: Güte, Urteilskraft, Liebe, Weisheit und Wahrheit. (Wie wir diese fünf Tugenden in Zusammenhang mit der Farbtherapie erüben können, habe ich auf Seite 27 beschrieben.) Auf einer höheren Ebene können Menschen mit einer Fünferschwingung Heiler, Lehrer und Berater werden; sie müssen sich jedoch jeden Tag wieder auf das Wesentliche besinnen, sich klare Ziele setzen und vermeiden, ihre Energie zu verschleudern. Es ist für alle Menschen, die Schwierigkeiten haben, sich zu konzentrieren, sehr wichtig, daß sie etwas finden, was sie wirklich interessiert und auf das sie sich voll und ganz einlassen. Durch diese geistige Übung entdeckt man erst, wieviel Engagement man hat.

Beispiel:
Geburtsdatum: 6. November 1977

    6. 11. 1977
    6 + 2 +1 + 14
    6 + 2 + 6 = 14 = 5

Die Fünferschwingung deutet auf einen Menschen hin, der

vielseitige Interessen hat; da aber auch die Sechserschwingung hier durch die Verdoppelung eine große Rolle spielt – sie steht für Verantwortungsgefühl und Organisationstalent –, wird ihm alles, was er anpackt, gut gelingen. Die Zweierschwingung bedeutet, daß der Betreffende Anpassungsfähigkeit üben und die Bedürfnisse der anderen ernst nehmen muß; daß er schüchtern sein mag, sich aber, wenn er sich ganz auf seine Arbeit einläßt, seine wirklichen Fähigkeiten entdecken kann. Durch die Sechserschwingung kann er gut Arbeit delegieren und wird durch seine vielen Ideen anderen helfen können, ihre eigenen Fähigkeiten besser einzusetzen. Die Viererschwingung, die durch die Addition der beiden Siebener zustande kommt, weist darauf hin, daß der Betreffende manchmal sehr praktisch denken kann.

1977 war ein wichtiges Jahr, denn es brachte ein Wiedererwachen mit sich, viele Menschen hatten das Bedürfnis, sich mit tieferen Fragen auseinanderzusetzen und Verantwortung für diesen Planeten zu übernehmen. In der Zeit danach traten Umweltfragen wie das Problem der Verschmutzung unserer Atmosphäre verstärkt ins Bewußtsein, und die Menschen begannen über die Folgen für ihre Gesundheit nachzudenken. Im Jahre 1988 fand noch einmal eine Vertiefung statt; wir wurden uns bewußter, daß wir die Verantwortung für unser Handeln übernehmen müssen, da wir mit den Auswirkungen dieses Handelns zu leben haben und weil die ganze Erde davon betroffen ist. Es ist interessant, festzustellen, daß 1977 von der Zahl Sechs regiert wurde ($1 + 9 = 10$; $7 + 7 = 14$; $1 + 0 + 1 + 4 = 6$) und das Jahr 1988 von der Zahl Acht – der Zahl, die für das Gleichgewicht zwischen Geist und Materie und das Bewußtsein für das Zusammenwirken aller Kräfte steht. 1989 ergibt 9, die Zahl, die für selbstloses Dienen steht, und 1990 addiert sich zu 1, der Zahl der Unabhängigkeit und Initiative. 1991 wird von der 2 regiert, könnte also durch das Bedürfnis nach Harmonie, nach Ausgleich der Gegensätze bestimmt werden.

Wenn wir den oben genannten Geburtstag zum Jahr 1988 addieren, ergibt sich folgende Rechnung:

6. 11. 1988
6 + 2 + 1 + 16
6 + 2 + 8 = 16 = 7

Für diesen Menschen war 1988 ein Jahr der Bewußtseinserweiterung, der Suche nach Veränderungen, die zu spirituellem Wachstum führen. Die Zahl Sieben steht in Beziehung zum violetten Strahl des Strebens nach Höherem und der Inspiration, durch der die Betreffende zu einem tieferen Verständnis für die vor sich gehenden Veränderungen kommen konnte.

Die Schwingung der Sechs – der indigofarbene Strahl
Diese Zahl steht für Verantwortungsbewußtsein. Solche Menschen sollten darauf achten, sich nicht zuviel aufzuladen. Alles, was sie anpacken, gerät gut, da sie tüchtig und geschickt sind. Sie können gut organisieren, delegieren und Menschen zusammenbringen. Sie lieben ihr Zuhause, das für sie eine Art Heiligtum ist; ohne diese Basis würden sie sich recht verloren fühlen. Sie sind sehr fürsorglich und könnten auf den verschiedensten Gebieten therapeutisch tätig sein, eine Klinik oder auch ein Büro leiten. Sie brauchen als Ausgleich den Umgang mit Menschen, da sie zum Einzelgängertum neigen.

Sie sind sehr treu, halten, was sie versprochen haben, sind unglaublich loyal und anhänglich, und selbst wenn man sie enttäuscht hat, sind sie noch immer bereit zu vergeben. Diese Menschen sind so sehr auf einen Partner angewiesen, da sie sich oft einsam und traurig fühlen; sie setzen ihre ganze Energie für ihre Aufgaben ein, oft um gegen das Einsamkeitsgefühl zu kämpfen, das sie erfüllt, das sie aber nicht akzeptieren können. Wenn sie dem richtigen Menschen begegnen, ist es, als erwachten sie erst zum Leben. Sie haben ein großes Einfühlungsvermögen für die Bedürfnisse des anderen.

Ein Mensch mit dieser Schwingung hat es nicht leicht, aber er gibt auch nicht leicht auf. Nicht immer kann er die Früchte seiner Bemühungen ernten, doch solange seine Motive gut sind, wird er durch das Bewußtsein aufrecht gehalten, daß ihm alles zum Besten dienen wird.

Beispiel:
Geburtsdatum: 13. Januar 1963

    13. 1. 1963
    4 + 1 + 1 + 9
    4 + 1 + 10
    4 + 1 + 1 = 6

Die Sechserschwingung bedeutet Verantwortungsgefühl. Die Nummer 13 besteht aus der Eins, deutet also auf Führungseigenschaften hin, und der Drei der Kreativität; da das Ergebnis Vier ist, muß der Betreffende seine Fähigkeiten auf praktische Weise einsetzen. Die beiden Einser weisen auf einen Menschen hin, der Initiativen und neue Projekte durchsetzen kann, was er jedoch im Hinblick auf andere tun sollte. Die Schwingung der Eins hat Bezug zum roten Strahl, es wird dem Betreffenden also nie an Mut und Zielstrebigkeit fehlen, und er wird immer wissen, wie er sich durchsetzen und seine Fähigkeiten nutzen kann, um sich aus einer möglichen finanziellen Notlage zu befreien.

Wenn wir zu dem Geburtsdatum das Jahr 1988 hinzuzählen, ergibt sich folgende Rechnung:

13. 1. 1988
4 + 1 + 1 + 16
4 + 1 + 8 = 13 = 4

1988 war ein Jahr, in dem Sie Ihr Leben bewußter betrachteten, sich über Ihre Motive klarer wurden, sich über Ihren weiteren Weg Gedanken machten. Die Viererschwingung, die die Hälfte der Achterschwingung ist, wirkt reflektierend, bringt Gleichgewicht und Neubeginn, und wenn Sie auf Ihre Intuition gehört haben, konnte sich aus dem, was Sie 1988 in Angriff nahmen, eigentlich nur Gutes entwickeln. Die Veränderungen, die in Ihrem Leben vor sich gegangen sind, werden sich gelohnt haben, wenn die Zeit reif ist.

Die Schwingung der Sieben – der violette Strahl
Sensibilität und Erkenntnisfähigkeit. Diese Schwingung steht in Beziehung zu außersinnlichen Wahrnehmungen und dem Bewußtsein für die Existenz anderer Dimensionen. Viele Menschen mit dieser Zahl sind medial veranlagt und können ihre mystischen Erkenntnisse in eine für andere faßbare Form bringen. Sie sind oft nicht sehr geerdet, haben den Kopf in den Wolken und sind äußerst sensibel und empfänglich. Sie müssen lernen, sich Dinge und Menschen auf liebevolle Distanz zu halten, da sie verletzlich sind und tiefe emotionale Probleme haben können. Oft versuchen sie, andere davon abzuhalten, Fehler zu begehen, erkennen aber irgendwann, daß jeder nur durch seine eigenen Fehler lernt und daß es manchmal besser ist, sich in einem solchen Fall zurückzuhalten.
Ihre Weisheit und ihr Gleichmut machen sie zu angenehmen Gefährten. Ihr Geist ist sehr regsam, sie haben viele Interessen, aber sie müssen auf ihre Gesundheit achten, da ihre Vitalität oft nicht besonders groß ist. Sie sind sehr freundliche Menschen, identifizieren sich mit den Problemen der anderen und

können im eigentlichen Sinn des Wortes mit-leiden. Sie leben oft mit einer manchmal unvorsichtigen Großzügigkeit, wehren sich gegen Routine und müssen sich immer wieder genügend Ruhe gönnen.

Beispiel:
Geburtsdatum: 27. März 1939

27. 3. 1939
9 + 3 + 1 + 12
9 + 3 + 4 = 16 = 7

Die Schwingung der Zwei in Verbindung mit der Sieben bedeutet, daß dies kein einfaches Leben ist. Der Betreffende wird aber durch seine Erfahrungen lernen, wie er seinen Mangel an Vertrauen überwinden kann. Immer wenn ein Geburtsdatum mit einer Zwei beginnt, besteht die Tendenz zur Zurückhaltung und zur Isolation. Mit der Dreierschwingung wird solch ein Mensch viele schöpferische Ideen besitzen, die er auf unterschiedlichste Weise in die Tat umsetzt, wobei er versucht, Erfreuliches für andere Menschen zu schaffen. Die Siebenerschwingung macht ihn sehr sensibel und bewirkt, daß er sich zu religiösen Dingen hingezogen fühlt. Als Kind wußte er von jener »anderen Welt« oder jenseitigen Realität; und er hat inzwischen vielleicht die Fähigkeit entwickelt, dieses Wissen anderen mitzuteilen.

27 ergibt 9, die Schwingung des Dienens, und die Viererschwingung wird dem Betreffenden helfen, seinen praktischen Sinn zu entwickeln, der notwendig ist, da er die Neigung hat, sich zu übernehmen.

Fügen wir dem Geburtsdatum das Jahr 1988 hinzu, ergibt sich:

27. 3. 1988
9 + 3 + 1 + 16
9 + 3 + 8 = 20 = 2

1988 war für diesen Menschen ein Jahr der Anpassung, in dem er jedoch zu einem vertieften Bewußtsein über den Sinn seines Lebens gelangte. Es ging darum, die materiellen Angelegenheiten zu ordnen und klare Lebenspläne zu machen. Wahrscheinlich hatte der Betreffende auch Erfolg, wenn auch nicht in der erwarteten Weise.

Die Schwingung der Acht – der silberne Strahl

Die Schwingung der Acht symbolisiert das Gleichgewicht zwischen Geist und Materie: Die Zahl Acht wird aus zwei Kreisen gebildet, von denen der eine über dem anderen steht, ein Bild für das alte geistige Gesetz »Wie oben, so unten«. Oben die geistige Welt, darunter die Erde – zwei Prinzipien, die zusammenwirken: Spirituelles und Materielles, Männliches und Weibliches, das in jedem von uns ist. Wir sind geistige Wesen, die auf der Ebene der Materie, der Physis, leben und arbeiten müssen.

Die Schwingung dieser Zahl hat auch mit Macht und Erfolg zu tun, wobei es jedoch darauf ankommt, wie wir mit diesen Energien umgehen. Wenn wir anderen helfen wollen, werden spirituelle Kräfte herbeigerufen, die uns unterstützen; wenn es uns nur um persönlichen Vorteil geht, werden wir vielleicht eine Weile erfolgreich sein, dann aber verlieren, was wir gewonnen zu haben glauben; denn dann haben wir nicht begriffen, daß es darum geht, zuzulassen, daß Geld und materielle Werte ganz natürlich in Fluß geraten, daß wir sie ebenso weitergeben, wie wir sie bekommen haben. Wir können die Schwingung der Acht also benutzen, materiellen Erfolg zu haben, und sie in Geschäftstüchtigkeit ummünzen; wenn wir spirituell orientiert sind, ist unser Ziel jedoch, den »Himmel auf die Erde zu bringen«, sei es durch unser Wissen oder durch die Gestaltung der Umgebung in Schönheit. Wir müssen also beim Gebrauch dieser Schwingung immer die richtige Absicht und die richtigen Motive haben und dürfen unser Ziel nicht aus den Augen verlieren.

Wenn wir den richtigen Umgang mit der Macht gelernt haben, so sind wir einen großen Schritt weitergekommen, denn wahre Macht bedeutet, keine Macht mehr ausüben zu müssen, und alle materiellen Erfolge sind nur flüchtig, verglichen mit unserem wichtigsten Ziel: das, was wir haben, mit anderen zu teilen und unseren Brüdern und Schwestern auf der Erde Freude, Hoffnung, Frieden und Liebe zu bringen auf unserer Reise durch unser physisches Dasein.

Beispiel:

Geburtsdatum: 14. Juni 1950

$$14. 6. 1950$$
$$5 + 6 + 1 + 5$$
$$5 + 6 + 6 = 17 = 8$$

Die Fünferschwingung spricht hier für einen Menschen, der aktiv ist und gerne etwas riskiert. Er fühlt sich für alles, was er unternimmt, verantwortlich durch die Schwingung der Sechs. An alles stellt er sehr hohe Ansprüche und sollte auf seine Gesundheit achten, da er dazu neigt, sich zu übernehmen, und Gefahr läuft, zum »workaholic« zu werden. Solche Menschen sollten nicht vergessen, daß Beziehungen wichtig sind, und sie auch pflegen, denn hier haben wir das klassische Beispiel für einen erfolgreichen Geschäftsmann oder eine tüchtige Frau, deren einziges Ziel Erfolg ist und die dann irgendwann merken, daß sie innerlich sehr einsam sind (die Fünferschwingung ist aus der Eins und der Vier entstanden). Wir müssen immer versuchen, einen Ausgleich zwischen unseren beiden Seiten zu finden, und dürfen den weiblichen Aspekt nicht vernachlässigen, was ebenso für Männer wie für

Frauen gilt. Erfolg kann einen zwar befriedigen; da wir vielschichtige Wesen sind, sollten wir jedoch versuchen, allen Ebenen unseres Menschseins gerecht zu werden.

Ein weiteres Berechnungsbeispiel. Das Jahr 1988 zum Geburtsdatum hinzugefügt, ergibt:

14. 6. 1988
5 + 6 + 1 + 16
5 + 6 + 8 = 19 = 1

1988 wird für den Betreffenden ein wichtiges Jahr gewesen sein; vielleicht bedeutete es einen Neuanfang in seinem Leben oder einen Aufbruch zu neuen Ufern. Dieser Anstoß wurde durch die Schwingung der Eins ausgelöst, während die Neunerschwingung bewirkt haben könnte, daß der Betreffende sich danach sehnte, einen tieferen Sinn in seinem Leben zu finden und seine Motive und Handlungen zu überprüfen.

Die Schwingung der Neun – der goldene Strahl

Dieser Strahl symbolisiert das Dienen. Selbstloses, absichtsloses Dienen ist die höchste Schwingung, auf die sich die Menschheit einstimmen kann, und gerade wenn man keine Belohnung für sein Tun erwartet, wird einem auf ganz unerwartete Weise eine Wohltat zuteil. Wir sollten weder ängstlich noch berechnend sein, sondern unsere Zeit und Kraft verschenken, wenn unser höheres Selbst uns dazu treibt. Das steht natürlich in Widerspruch zu der heute üblichen materialistischen Einstellung, bei der es immer um Nutzen und Profit geht; irgendwann im Leben werden wir jedoch alle zu dieser Erkenntnis kommen – und wir sollten den anderen Raum lassen, ihre Erfahrungen auf ihre eigene Weise zu machen.

Die sogenannten Heiligen werden oft mißverstanden und erst nach ihrem Tod geehrt; ein Mensch, der in dieser Schwingung lebt und ganz mit ihr in Einklang ist, hat hohe Ideale und möchte den anderen helfen und ihr Leiden lindern. Er möchte sein Wissen und seine Erfahrungen zum Nutzen der anderen teilen und mitteilen und zugleich Sinn und Ziel des Lebens verstehen. Er lebt oft unerkannt und vollbringt im verborgenen Großes – als gutmütiger, freundlicher, liebevoller Mensch, der gerne gibt und teilt, was er hat. Das ist der Weg, den wir irgendwann einmal alle gehen werden, doch oft erst nach vielen Leben. Es liegt an uns, ob wir in jeder Inkarnation ein wenig mehr spirituelles Gold in unsere Aura aufnehmen, bis unser bloßes Dasein, wie bei manchen Heiligen, ein Segen für andere ist und wir die Schwingung der Neun nicht mehr brauchen, um diese Eigenschaften zu entwickeln.

Beispiel:
Geburtsdatum: 17. März 1960

> 17. 3. 1960
> 8 + 3 + 1 + 6
> 8 + 3 + 7 = 18 = 9

Bei der Eins und der Sieben als Geburtstag könnte es sich hier um eine schwierige Inkarnation handeln. Die Eins will die Führung übernehmen, während die Siebenerschwingung Sensibilität bedeutet – sensible Menschen sind oft schüchtern, müssen aber dennoch auf die eine oder andere Weise die Führung übernehmen und einen Ausgleich zwischen beiden Energien schaffen. In der Jugend haben sie vielleicht vielfältige Erfahrungen gemacht, durch deren Verarbeitung und Überwindung sie später in der Lage sind, anderen auf ihrem Lebensweg zu helfen. Die Acht ist die Zahl des Ausgleichs. Hier geht es darum, Energien zu nutzen, die sich gegenseitig verstärken und in die gleiche Richtung ziehen.
Neun ist die Zahl der Gutmütigkeit, und diese Menschen sind

nur glücklich, wenn sie helfen oder etwas für andere tun können. Sie fragen nicht nach einer Belohnung und leben recht unbekümmert. Die Zahl Neun steht in Beziehung zur Farbe Gold, dem Strahl der Weisheit und des Wissens, und jemand, der diese Zahl zusammen mit der Eins, der Sieben und der Acht im Geburtsdatum hat, müßte einiges zustande bringen, vor allem zum Wohle der Menschheit – und wird wohl auch Spuren hinterlassen.

Wenn wir dem Geburtsdatum das Jahr 1988 hinzufügen, ergibt sich:

17. 3. 1988
8 + 3 + 1 + 16
8 + 3 + 8 = 19 = 1

Es war für den Betreffenden wahrscheinlich ein sehr wichtiges Jahr, in dem er Rückschau in die Vergangenheit hielt und wichtige Veränderungen erlebte – eine Zeit des Loslassens und des Neubeginns. Er entdeckte, wie er seine Fähigkeiten einsetzen kann, vielleicht im sozialen Bereich. Doch wie auch immer er sich orientierte, es war ein Wendepunkt in seinem Leben.

Die hier besprochenen Geburtsdaten waren nur Beispiele dafür, wie man Zahlenmystik und Farbe verbinden kann. Das Jahr 1988, das in der Quersumme eine 8 ergibt, war für alle ein wichtiges Jahr: eine Zeit der Veränderung, eine Zeit, in der viele ihr Leben kritisch betrachteten und über ihre Motive nachdachten, in der sie sich von Schlacken befreiten und sich auf ihr höheres Ich besannen. Erinnern wir uns, daß die Acht die beiden Kreise von Geist und Materie symbolisiert – wir sollen sicherlich mit der materiellen Ebene umgehen, uns jedoch nicht so in ihr verlieren, daß wir unsere geistige Herkunft vergessen.

Anhand der Berechnungs- und Deutungsbeispiele sollte es Ihnen möglich sein, den eigenen oder andere Geburtstage auszulegen und sie auf jedes beliebige Jahr zu beziehen.

Der **Name,** der uns bei der Geburt gegeben wird, ist ebenfalls von großer Bedeutung, denn in ihm drückt sich eine ganz spezielle Schwingung aus. Auch das Alphabet steht in Beziehung zu den Farbstrahlen. Natürlich haben viele Menschen den gleichen Vornamen, doch in Verbindung mit einem zweiten Namen und dem Nachnamen ist er etwas ganz Persönliches. Wenn wir einen Vornamen kürzen oder verändern, verändern wir damit auch die Energie des Namens; wir sollten darauf achten, mit welchem Namen wir angesprochen werden, und auch die Namen der anderen nicht willkürlich verändern. Es gibt sogar Menschen, die ihren Namen als Erwachsene auf dem Standesamt ändern, weil sie mit ihm nicht einverstanden sind.

Wenn Sie einen Namen für ein Kind auswählen, sollten Sie an seine Bedeutung denken und daran, wie der Name einen Menschen beeinflussen kann, denn er behält ihn ja meist sein Leben lang. Auch der Name, den wir unserem Haus oder einem Geschäft geben, wirkt sich stärker aus, als den meisten Menschen wahrscheinlich bewußt ist – der richtige Name mit den richtigen Schwingungen kann vieles verändern; wenn Sie mit der Schwingung in Einklang stehen, wird er für Sie und nicht gegen Sie arbeiten. Sehen Sie also auf der folgenden Tabelle nach, was die Schwingungen eines bestimmten Namens sind. Achten Sie auf die Wirkung, wenn Sie einen Menschen ansprechen oder ein Haus oder etwas anderes benennen.

Warum werden wir so gerne ganz persönlich mit unserem Namen angesprochen? Jedesmal, wenn er ausgesprochen wird, empfangen wir farbige Lichtstrahlen, die unsere Aura nähren. Wenn eine Frau heiratet und den Nachnamen ihres Mannes annimmt, verändert sich die sie umgehende Energie, was man aber erst nach einiger Zeit wahrnehmen kann. Heute behalten viele Frauen ihren eigenen Nachnamen und fügen den des Mannes hinzu – solche Entscheidungen sind uns freigestellt, und wir sollten sie bewußt treffen.

Wenn wir die sieben Regenbogenfarben auf das Alphabet beziehen, können wir herausfinden, aus welchen Farben unser Name besteht und wie diese Farben sich auf uns auswirken, da sie darauf hinweisen, welche Fähigkeiten wir haben und wie wir das Leben sehen.

Indigo	Violett	Rot	Orange	Gelb	Grün	Blau
A	B	C	D	E	F	G
H	I	J	K	L	M	N
O	P	Q	R	S	T	U
V	W	X	Y	Z	–	–

Aus dieser Tabelle lassen sich übrigens auch Klänge ableiten: Der Ton A ist indigofarben, der Ton B violett, der Ton C rot usw.

Nehmen wir nun als Beispiel einen berühmten Namen, und setzen wir ihn den einzelnen Buchstaben nach mit den Farben in Beziehung, die sich aus der Tabelle ergeben. Man sollte dabei übrigens alle Vornamen verwenden, da sich nur so die vollständige Energie ergibt, mit der jemand von Geburt an charakterisiert wird.

Name:	W	I	N	S	T	O	N		L	E	O	N	A	R	D
Farbe:	V	V B	Ge	Gr	I	B			Ge	Ge	I	B	I	O	O

Name:	S	P	E	N	C	E	R		C	H	U	R	C	H	I	L	L
Farbe:	Ge	V	Ge	B	R	Ge	O		R	I	B	O	R	I	V	Ge	Ge

Der nächste Schritt besteht darin, zusammenzuzählen, wie oft die einzelnen Farben vorkommen. Zudem müssen wir herausfinden, wie viele Vokale und Konsonanten der Name hat. Die Vokale symbolisieren das Weibliche oder den intuitiven Aspekt, während die Konsonanten männlich sind; der Name enthält also männliche und weibliche Aspekte.

Vokale:	A	E	I	O	U
Farben:	I	Ge	V	I	B
Gesamt:	1	3	2	2	1

Farbe	Gesamt	Vokale	Konsonanten
Rot	3	–	3
Orange	4	–	4
Gelb	8	3	5
Grün	1	–	1
Blau	5	1	4
Indigo	5	3	2
Violett	4	2	2

Wir können also von solch einer Tabelle ablesen, wie stark die einzelnen Farben vertreten sind. Die Konsonanten zeigen, wie wir uns nach außen hin ausdrücken und durchsetzen, während die Vokale für unsere Gefühle und Emotionen stehen.

Zu unserem Beispiel:
Winston Churchill, eine facettenreiche Persönlichkeit, war über fünfzig Jahre lang Mitglied des englischen Parlaments und während des letzten Weltkriegs und in den Jahren 1951 bis 1955 Premierminister. Er betätigte sich aber auch als Maler und Autor; seine Bilder wurden in der Royal Academy in London ausgestellt, und er erhielt im Jahre 1953 den Nobelpreis für Literatur. Er war ein Mann der Tat, der das Leben in seiner ganzen Fülle lebte.

Die Deutung

Dreimal Rot weist auf eine starke Führerpersönlichkeit hin, auf die Fähigkeit, Ideen in die Tat umzusetzen. Viermal Orange steht für schöpferische Ausdrucksfähigkeit und die Zahl Vier für den praktischen Sinn bei der Durchführung kreativer Ideen. Obwohl man von Churchill sagt, daß er in der Schule nicht besonders gut gewesen sei, könnte die Farbe Gelb in Verbindung mit der Acht darauf hinweisen, daß er sich einfach langweilte und nur für Dinge zu gewinnen war, die ihn wirklich interessierten, was bei einem so gescheiten und einfallsreichen Menschen eher zu vermuten ist als Lernschwierigkeiten. Die Farbe Indigo und die Zahl Fünf deuten darauf hin, daß er Macht mit Weisheit verbinden konnte und die Fähigkeit hatte, sich auszudrücken und mitzuteilen.

Viermal Orange und viermal Violett zeigen, daß er sehr schöpferisch war, zugleich aber praktische Fähigkeiten und Selbstdisziplin besaß. Er war ein Mensch, der seine hohe Sensibilität nur selten zeigte; das erkennt man an den Farben Indigo und Violett in Verbindung mit der (weiblichen) Zahl Zwei. Diese Zahl weist darauf hin, daß er seine tiefsten Gefühle selbst vor denen zu verbergen verstand, die ihm sehr nahe waren. Auffallend ist die Verbindung des blauen Strahls mit der Zahl Fünf; er verfügte also über Intuition und Bewußtheit und war ungeheuer vielseitig; im Krieg wurde er durch das sichere Gefühl geleitet, eine Aufgabe erfüllen zu müssen, und deshalb fürchtete er auch keine Gefahr.

Im tiefsten Innersten liebte er den Frieden – der grüne Strahl mit der Schwingung der Zahl Eins spricht dafür. Er verfügte über ein hohes Maß an Energie, und wenn er nicht geistig aktiv sein oder etwas Sinnvolles tun konnte, erfüllte ihn das mit Ruhelosigkeit. Der gelbe Strahl in Verbindung mit der Zahl Acht scheint insgesamt zu überwiegen; sicher erwarb er sich im Laufe der Zeit ein hohes Maß an Klugheit, Ausdruckskraft und Ideenreichtum. Zudem war er sich seiner Macht wohl bewußt und verstand sie klug zu nutzen. Er war ganz ein Mensch seiner Zeit, der geschätzt und gebraucht wurde.

Ein weiterer berühmter Name ist der von Florence Nightingale. In ihrem Namen finden wir folgende Farben:

Name:	F	L	O	R	E	N	C	E		
Farben:	Gr	Ge	I	O	Ge	B	R	Ge		

Name:	N	I	G	H	T	I	N	G	A	L	E
Farben:	B	V	B	I	Gr	V	B	B	I	Ge	Ge

Vokale:	A	E	I	O	U
Farben:	I	Ge	V	I	B
Anzahl:	1	3	2	1	

Farbe	Gesamt	Vokale	Konsonanten
Rot	1	–	1
Orange	1	–	1
Gelb	5	3	2
Grün	2	–	2
Blau	5	–	5
Indigo	3	2	1
Violett	2	2	–

Die Deutung

Die Eins in Verbindung mit dem roten Strahl zeigt die Entschlossenheit, sich gegen Widerstände durchzusetzen, und große Unabhängigkeit. Daß Florence Nightingale sehr expressiv sein konnte, zeigt der orangefarbene Strahl. Das Gelb in ihrem Namen in Verbindung mit der Fünf weist auf gute Ideen hin, und die Zahl Drei mit ihrem weiblichen Aspekt gibt einen Hinweis darauf, daß sie intuitiv ihre Aufgabe erkannte. Der blaue Strahl in Zusammenhang mit der Fünf spricht für die Einsicht in die Zeitforderungen und die Fähigkeit, ihre Absichten und Bedürfnisse an der richtigen Stelle durchzusetzen. Wir wissen, daß sie es nicht leicht hatte, doch die Schwingung von Rot und Orange wird ihr geholfen haben, sich durchzusetzen.

Der violette Strahl zeigt ihre hohen Ideale und ihre Sensibilität für die Bedürfnisse anderer Menschen; unterstützt vom indigofarbenen Strahl, half ihr die Intuition, Menschen in Not zu helfen und sie zu heilen. Gelb in Verbindung mit der Zwei bei den Konsonanten könnte darauf hindeuten, daß sie andere inspirieren und für ihre Arbeit begeistern mußte, damit sie von ihnen Hilfe erhielt. Sie mußte dabei vielleicht eine gewisse Zurückhaltung überwinden, trotz der roten und orangefarbenen Schwingung.

Manchmal kann eine kleine Veränderung des Namens auch die Schwingung verändern, wie beispielsweise bei dem Namen »Charles« und »Charlie«. Wenn Sie beide Namen mit der Tabelle vergleichen, werden Sie sehen, daß Charlie, abgesehen von dem sanfteren Klang, ein Violett enthält, das der Name Charles nicht hat – in Charles hingegen wird das Gelb durch weiteres Gelb verstärkt.

Name:	C H A R L E S	C H A R L I E
Farbe:	R I I O Ge Ge Ge	R I I O GeV Ge

Die veränderte Schwingung wird im Laufe der Zeit ihre Auswirkung haben.

Ein weiteres Beispiel zur Veranschaulichung:

Name:	R I C H A R D	D I C K (Abkürzung,
Farbe:	O V R I I O O	O V R O Kosename)

Der Unterschied liegt hier im indigofarbenen Strahl, der uns mit den tieferen Aspekten unseres Daseins in Berührung bringt.

Wenn in Ihrem Namen die Farbe Rot, Gelb oder Blau fehlt, sollten Sie sich in der oben beschriebenen Weise mit den Farben beschäftigen und umgeben, denn es kann wichtig sein, das Fehlende zu ergänzen.

Farbmeditationen

Die sieben Strahlen

Wir können den Tag beginnen, indem wir uns auf die sieben Strahlen einstimmen, die Regenbogenfarben, die wir durch ein Prisma sehen.

Setzen Sie sich bequem hin, und nehmen Sie einige tiefe Atemzüge. Spüren Sie, wie Sie sich beim Ausatmen mehr und mehr entspannen. Stellen Sie sich einen goldenen Lichtball über Ihrem Kopf vor, und sehen oder fühlen Sie, wie dieses Licht in Sie einströmt und Sie ganz erfüllt. Es löst dabei alle Spannungen, Streß und Negativität auf. Nun atmen Sie den roten Strahl durch die Fußsohlen aufwärts zum Sonnengeflecht hin, und spüren Sie, wie er Sie ganz erfüllt, jede Zelle, jedes Organ und Gewebe. Dieser Strahl gibt Ihnen Energie, reinigt Ihr Blut und erfüllt Sie mit Wärme. Lassen Sie die Ein- und Ausatmung ganz natürlich fließen, und spüren Sie, wie Sie sich immer mehr entspannen, während die Wärme Sie ganz durchdringt. Dann atmen Sie den **roten Strahl** aus. (Benutzen Sie den roten Strahl nicht, wenn Sie irgendwelche Herzbeschwerden haben; in diesem Fall sollten Sie sich vorstellen, daß der **rosafarbene Strahl** Sie entspannt und wärmt.)

Atmen Sie den **orangefarbenen Strahl** durch die Fußsohlen aufwärts zum Sonnengeflecht ein, und spüren Sie, wie er Sie ganz durchdringt. Fühlen Sie, wie Freude Ihr Wesen durchdringt, denn das ist ein neuer Tag, ein neuer Anfang. Der orangefarbene Strahl schenkt Ihnen Vitalität, Vertrauen und hilft Ihnen, zu sich selbst zu stehen. Lassen Sie die Vergangenheit los, geben Sie alles frei, und lassen Sie sich durch diesen orangefarbenen Strahl von Gottes Liebe und Weisheit erfüllen. Vertrauen Sie darauf, daß alles gut ist. Atmen Sie den orangefarbenen Strahl aus.

Atmen Sie den **gelben Strahl** durch die Fußsohlen ein, spüren Sie, wie goldenes Gelb Sie erfüllt und wohlig durchströmt. Dieser Strahl schickt Ihnen neue Ideen und verbindet Sie mit der göttlichen Weisheit. Bitten Sie darum, bei allem, was Sie tun, von göttlicher Weisheit erfüllt zu sein. Dieser Strahl entspannt das Sonnengeflecht und löst angestaute Emotionen und Streß auf – atmen Sie sie aus, und spüren Sie, wie Leichtigkeit Sie erfüllt. Der gelbe Strahl verbindet uns mit dem göttlichen Geist. Es ist der Strahl, der uns erleuchtet und uns helle Gedanken schickt. Spüren Sie, wie in Ihnen und durch Sie goldgelbes Licht leuchtet. Atmen Sie den gelben Strahl aus.

Nun strömt **Grün** horizontal in Sie ein. Atmen Sie wunderbares Lichtgrün ein – diese Farbe besänftigt das Herz und erfüllt uns ganz mit Frieden und Harmonie. Spüren Sie, wie sich Ihr Herz-Chakra entspannt, wie aller Druck weicht; denken Sie auch an den rosafarbenen Strahl der Liebe, und spüren Sie, wie er in Sie einströmt. Lieben Sie sich selbst, und senden Sie zu all denen Liebe aus, die Ihnen am Herzen liegen – das ist der Strahl der Brüderlichkeit und Gemeinschaft, und wie wir andere segnen, so werden wir gesegnet. Atmen Sie den grünen Strahl aus.

Jetzt atmen Sie den **blauen Strahl** ein. Es ist das Blau des Sommerhimmels – spüren Sie, wie es durch das Kronen-Chakra auf der Oberseite Ihres Kopfes eindringt und Sie erfüllt, als wären Sie ein leeres Gefäß; fühlen Sie, wie dieser heilende

Strahl bis zu Ihren Fingerspitzen und zu Ihren Zehen vordringt. Der blaue Strahl erneuert unseren Glauben und unser Vertrauen und erfüllt uns mit dem Wissen, daß alles gut ist. Lassen Sie es zu, daß Ihre Seele sich durch Sie ausdrücken kann, denn sie weiß, was Ihre Aufgabe ist, und wir alle haben eine Aufgabe hier; entspannen Sie sich bei jedem Atemzug etwas mehr. Wenn Sie irgendwo im Körper Spannungen spüren, atmen Sie den blauen Strahl wieder aus.

Atmen Sie den **indigofarbenen Strahl** der Weisheit und Stärke ein. Stellen Sie sich vor, wie dieses Mitternachtsblau durch das Kronen-Chakra in Sie einströmt, durch das Sonnengeflecht hindurchfließt und Sie ganz erfüllt. Dieser Strahl reinigt Sie von allen Schlacken – bitten Sie darum, soviel von ihm zu bekommen, wie es gut und heilsam für Sie ist. Bitten Sie um Weisheit und Erkenntnis für Ihr Leben, und seien Sie gewiß, daß denen, die bitten, gegeben wird. Atmen Sie den indigofarbenen Strahl aus.

Nun öffnen Sie sich ebenso dem wunderbaren **violetten Strahl**. Atmen Sie das Violett durch das Kronen-Chakra ein, und sehen Sie, oder stellen Sie sich vor, wie es in Ihr Sonnengeflecht strömt und Sie ganz erfüllt. Dieser Strahl verbindet uns mit allem Schönen und Wahren. Lassen Sie Ihre niedrigeren Bedürfnisse und Begierden los, und erheben Sie Ihre Gedanken, um sich für ein hohes Ideal zu öffnen. Bitten Sie darum, anderen dienen und helfen zu können, denn wer gibt, der wird auch empfangen. Stellen Sie sich einen Kelch vor, und wenn er geleert wird, wissen wir, daß er mit dem wieder gefüllt wird, was sich aus ihm ergossen hat. Atmen Sie den violetten Strahl aus.

Zum Abschluß können Sie die Worte sprechen: »Ich will mir

immer bewußt sein, daß ich von den göttlichen kosmischen Strahlen umgeben und durchdrungen bin.«

Wichtig ist, daß Sie sich nach jeder Meditation wieder schließen: Sehen Sie sich selbst in einer Lichthülle, und bitten Sie das Licht, Sie zu beschützen, zu segnen und Sie zu Ihrem Besten zu führen.

Reise zur Sonne

Entspannen Sie sich, und atmen Sie tief ein und aus. Bitten Sie das Licht, Sie bei der Meditation zu beschützen, und sehen oder fühlen Sie, wie dieses Licht Sie umhüllt. Schließen Sie die Augen, konzentrieren Sie sich auf das Chakra zwischen den Augenbrauen, und sehen Sie sich selbst, wie Sie an einem Strand sitzen: Der Sand ist golden und fühlt sich weich an, das Meer flutet auf den Strand, Sie sind allein und sehen, wie die Sonne gerade über dem Horizont aufsteigt. Spüren Sie, wie die Sonnenstrahlen Sie umfluten, Ihnen Leben und Wärme bringen. Der Himmel ist wolkenlos, und an den Bäumen regt sich kein Blatt. Es ist der Anfang eines neuen Tages, ein Neubeginn, und Sie sitzen da und sehen zu, wie die Sonne am Himmel immer höher aufsteigt. Ihre Strahlen reichen zum Wasser hinab und bilden eine Leiter hinauf in den Himmel. Stehen Sie auf, und gehen Sie zu der Leiter. Setzen Sie den Fuß auf die erste Sprosse, und beginnen Sie, zur Sonne hinaufzusteigen. Die Sonne ist jetzt wärmer, und Sie fühlen sich ganz entspannt. Wenn Sie nach und nach der Sonne immer näher kommen, durchdringen Ihre Strahlen Ihr ganzes Sein. Ihre Seele erwacht, und Sie fühlen sich wohl wie nie zuvor. Und dann sind Sie in der Sonne.

Sie werden überschwemmt von einem Gefühl des Einsseins mit der ganzen Schöpfung, und die Zeit steht still; Sie haben die Gewißheit, daß die Sehnsucht Ihrer Seele sich erfüllen wird, Sie spüren, wie die Wärme der Sonne Sie zärtlich umhüllt, Sie sind erfüllt von Inspiration. Atmen Sie das Licht ein, atmen Sie die Strahlen ein, denn hier wird Ihnen bewußt, wer Sie wirklich sind; hier wissen Sie, daß Sie ein Funke des lebendigen Gottes sind. Bitten Sie um Kraft, um die Inspiration, die Sie für Ihre Arbeit brauchen, um neue Ideen, um Kreativität und darum, daß Sie die Erde schöner machen können. Bitten Sie darum, daß Gottes Wille durch Sie erfüllt werde. Nun ist es Zeit, diesen Ort wieder zu verlassen; danken Sie für alles, was Sie empfangen haben, und beginnen Sie, langsam die Leiter wieder hinunterzusteigen. Wenn Sie wieder am Meeresstrand angekommen sind, steht die Sonne hoch am Himmel, es weht ein leichter Wind, aber es ist warm.

Seien Sie sich im Laufe des Tages der göttlichen kosmischen Strahlen bewußt, und seien Sie gewiß, daß sie Ihnen helfen werden. Farbe ist die Sprache Gottes. Sehen Sie sich in der Farbe, die Sie brauchen, und machen Sie sich bewußt, daß sie aus lebendigen Lichtstrahlen besteht, von denen Sie ein Teil sind. Denken Sie sich die anderen Menschen in einer Lichthülle, während Sie durch den Tag gehen, und danken Sie Gott für alles Gute, das Ihnen zuteil wird. Sehen Sie sich in einen Mantel aus vielen Farben gehüllt. Spüren Sie diesen Mantel, und lassen Sie Ihre Chakras sich schließen, so wie sich Blüten schließen.

Das reine weiße Licht des Friedens

Lassen Sie den Atem in sich einfließen, und entlassen Sie alle Spannung durch die Füße. Wenn Sie mit der Meditation beginnen, stellen Sie sich vor, Sie wären in einer Lichtkugel, die Sie schützt. Schließen Sie die Augen, und spüren Sie, wie Ihr

Kronen-Chakra prickelt, während das Licht in es einströmt. Senden Sie dieses Licht zum Basis-Chakra. Das Licht stärkt den roten Strahl und erfüllt Sie mit Mut und Kraft; spüren Sie, wie es Ihr Blut durchströmt. Stellen Sie sich weiter vor, wie das Licht in das Sonnengeflecht fließt und Sie mit göttlicher Ordnung und Weisheit erfüllt – sehen Sie, wie goldenes Licht von Ihnen ausströmt und Sie umgibt. Es erfüllt Sie mit Freude und erhebt Sie, göttliche Ideen werden in Ihnen wach.

Jetzt dringt das Licht in das Herz-Chakra ein und durchflutet es rosafarben. Lassen Sie von Ihrem Herzen Liebe in die Welt hinausströmen; das Gold aus dem Sonnengeflecht vermischt sich mit dem Rosa der Liebe und der Weisheit, durchströmt Sie und strahlt dann in die Welt aus. Lassen Sie in jedes Organ, das sich nicht wohl fühlt, Liebe fließen, und sprechen Sie die Worte: »Liebe, Liebe, Liebe.«

Schicken Sie das Licht in den oberen Teil des Gaumens. Das ist das Kraftzentrum der Farbe Indigo. Denken Sie an Glauben, Stärke und Weisheit, Gerechtigkeit, Liebe und Licht, und spüren Sie weiter, wie sich das Chakra zwischen den Augenbrauen mit Licht füllt. Das ist das Zentrum der Imagination. Denken Sie an Güte und Schönheit und Wahrheit, lassen Sie Ihren Eigenwillen los, und bitten Sie darum, daß Gottes Wille durch Sie verwirklicht werde – das wird Ihnen Freude, Frieden, Gemeinschaft und Brüderlichkeit schenken. Lassen Sie das Licht sich im Bereich des Magens sammeln – es ist der Bereich der Emotionen –, und sehen Sie, wie der grüne Strahl der göttlichen Ordnung dort eindringt und dazu ein klares Orange, das pulsiert und Sie von allen Schlacken befreit.

Das Licht dringt jetzt in die Gehirnbasis ein, den Bereich der Begeisterung. Spüren Sie, wie alle Farben durch Sie hindurchfließen, Sie beruhigen und Ihnen alles geben, was Sie zu Ihrem Wohl brauchen. Lassen Sie die Heilkraft Gottes in jeden Teil Ihres Seins eindringen, und sehen Sie dann, wie diese Farben in den Kosmos hinausstrahlen. Bitten Sie das weiße Licht, Sie zu umhüllen und zu schützen.

Die Wellen des Meeres

Stellen Sie sich den Raum in einem blauen Licht vor, atmen Sie es in die Atmosphäre aus, so daß es den Platz, an dem Sie sitzen, erfüllt, und schließen Sie die Augen. Atmen Sie tief, und entspannen Sie sich: Entspannen Sie Ihre Gesichtsmuskeln und Ihren ganzen Körper, tauchen Sie sich in weißes Licht. Dieses Licht ist reinigend und läuternd. Stellen Sie sich das Licht als Meereswellen vor.

Das Lichtmeer umspielt Ihre Füße, entspannt und beruhigt Sie. Wie die Flut beginnen die Wellen langsam zu steigen, bis sie allmählich Ihre Knie, Ihre ganzen Beine, Ihre Hüften einhüllen – Sie fühlen sich wohl dabei, denn es ist ein Meer von Licht. Während es Ihr Sonnengeflecht umströmt, entspannen Sie sich mehr und mehr, es steigt zum Herzen auf und reinigt all Ihre Energien, dann weiter bis zu Ihrem Hals, und nun sind Sie ganz von weißem Licht umflossen. Die weißen Wellen stärken Sie, erheben Sie und bringen Ihnen Heilung.

Nun bitten Sie darum, daß das blaue Licht des Friedens und der Wahrheit, des Glaubens und des Vertrauens Ihre Füße berührt. Während Wellen des blauen Lichts Sie allmählich ganz umhüllen, stellen Sie sich vor, wie diese in jede Zelle, jedes Organ und Gewebe eindringen, Sie ganz erfüllen. Spüren Sie, wie dieses Licht aus Ihrem Innersten zu anderen hinstrahlt, und sehen Sie diese anderen in heilendem blauem Licht gebadet; sehen Sie sie erneuert und erhoben, und seien Sie gewiß, daß das heilende blaue Licht Gottes sie berührt hat. Danken Sie für das, was auch Sie erhalten haben, und bitten Sie das Licht, Sie immer zu schützen und zu segnen.

Die Seerose

Atmen Sie tief ein, und entspannen Sie sich. Lassen Sie bei jedem Atemzug locker, schließen Sie die Augen, konzentrieren Sie sich auf das Chakra zwischen den Augenbrauen, und sehen Sie vor sich einen Teich. Auf der Wasserfläche schwimmen Seerosen. Der Teich ist umgeben von Bäumen, von denen einer eine Trauerweide ist. Ihre Zweige berühren zärtlich das Wasser. Es ist ein warmer Tag, und Sie tragen helle Kleider. Gehen Sie zu dem Teich, und sehen Sie in die Seerose, die Ihnen zunächst blüht: Die goldenen Staubgefäße schimmern, die Blütenblätter sind glatt und weiß und formen sich zu einer Schale, die die Sonnenstrahlen auffangen.

Sie wünschen sich, in die Seerose hineinschlüpfen zu können, und merken, wie Sie kleiner und kleiner werden, so klein, daß Sie tatsächlich hineingehen und sich auf die goldenen Staubgefäße legen können. Sie spüren dabei, wie Sie gereinigt und geläutert werden. Ihr Herz ist erfüllt von Liebe, die Staubgefäße umhüllen Sie und baden Sie in ihrem goldenen Licht. Die Seerose schaukelt Sie auf dem Wasser leise hin und her, und Sie spüren, wie Ihr ganzes Sein von Freude und Staunen bestimmt ist. Die reinen weißen Blütenblätter schimmern rosafarben, diese Farbe durchdringt Sie, während die Sonnenstrahlen sich über Sie ergießen, Sie wärmen und beruhigen und entspannen. Denken Sie an jemanden, mit dem Sie diese Strahlen teilen wollen, und senden Sie ihm dieses Licht mit Liebe, damit es zu seinem Besten diene.

Kommen Sie jetzt wieder zu sich, und spüren Sie, daß es Zeit ist, zu gehen. Verlassen Sie die Blüte, und treten Sie auf das Gras, das den Teich umgibt, werden Sie größer und größer, bis Sie wieder Ihre menschliche Größe erreicht haben. Sie spüren, daß Sie von einem weißen Licht wie von einem Mantel umhüllt sind – solange Sie sich dessen bewußt sind, werden Sie auch beschützt sein. Danken Sie für alles, was Sie empfangen haben, und atmen Sie, wenn Sie bereit sind, tief ein. Bewegen Sie Ihre Hände und Füße, und öffnen Sie Ihre Augen.

Der Rosengarten

Entspannen Sie sich, und atmen Sie tief ein und aus, werden Sie bei jedem Atemzug lockerer. Bitten Sie das weiße Licht, Sie zu beschützen, während Sie sich in Schweigen versenken. Konzentrieren Sie sich auf das Chakra zwischen den Augenbrauen, und sehen Sie sich selbst vor einer hölzernen Tür stehen. Zu dieser Tür führen einige Stufen hinauf; schreiten Sie über die Stufen, und öffnen Sie die Tür. Sie betreten nun einen von einer Mauer umgebenen Rosengarten, in dem Hunderte von Rosen in allen Farben, Formen und Größen blühen. Betäubender Duft umgibt Sie; mehrere Pfade führen in die Mitte des Gartens, Sie wählen einen dieser Pfade und gehen langsam zwischen den leuchtenden Rosen hindurch. In der Mitte des Gartens sehen Sie einen wunderschönen Busch mit rosafarbenen Blüten vor sich; manche sind noch Knospen, andere sind voll erblüht. Wählen Sie eine der Blüten aus, und wenn es eine Knospe ist, so sehen Sie vor Ihrem geistigen Auge, wie sie sich öffnet. Atmen Sie das Rosa der Blüte ein, und spüren Sie, wie es Sie wärmend, beruhigend und entspannend erfüllt, so sehr, daß Sie von Kopf bis Fuß in eine rosafarbene Wolke eingehüllt sind. Atmen Sie den Duft der Rose ein, und haben Sie dabei den Wunsch, mit der Rose eins zu werden. Sie strahlen jetzt das rosafarbene Licht und wunderbaren Duft aus und wissen, warum Rosen die Liebe symbolisieren, jene Liebe, die gibt, ohne etwas dafür zu erwarten.
Allmählich wird die Rose weiß, und Sie sind umgeben von weißem Licht. Atmen Sie das weiße Licht ein, spüren Sie, wie

es Sie ganz durchdringt und wie es beim Ausatmen alles Negative und Schädliche aus Ihnen herauslöst. Sehen Sie, wie Licht in Ihr Kronen-Chakra eindringt; fühlen Sie sich beim Atmen wie ein leeres Gefäß, und öffnen Sie sich dem rosafarbenen Licht der göttlichen Liebe. Bleiben Sie eine Weile dabei, das Licht einzuatmen und alles Negative und Schädliche auszuatmen, bis Sie spüren, daß Sie ganz Licht werden; senden Sie dieses Licht dann zu jenen, die Ihnen am Herzen liegen, und sehen Sie, wie sie zu ihrem Wohle von diesem Licht umhüllt werden. Sehen Sie die Erde gebadet in diesem Licht, ein goldener, leuchtender Ball, und bitten Sie darum, daß Frieden und Harmonie sich auf die Erde senken.

Allmählich wird das weiße Licht rosafarben, und Sie erblicken die Blüte inmitten des Rosengartens. Atmen Sie wieder ihren Duft ein, und danken Sie für das, was Sie empfangen haben. Gehen Sie den Pfad zurück, den Sie hergekommen sind, und achten Sie darauf, ob eine Farbe der vielen Rosen Ihren Blick besonders anzieht. Merken Sie sich diese Farbe, denn sie könnte wichtig für Sie sein. Gehen Sie durch die Tür, die Stufen hinunter, atmen Sie tief ein, und sehen Sie sich selbst, bevor Sie die Augen öffnen, in einen weißen Lichtmantel gehüllt. Schließen Sie Ihre Chakras, bewegen Sie die Hände und die Füße, und öffnen Sie dann die Augen. (Lesen Sie nach, welche Bedeutung die Farbe hat, die Ihnen aufgefallen ist.)

Der innere Tempel

Wir alle sehnen uns nach Sicherheit und der Gewißheit, daß uns alles, was wir brauchen, zuteil werden wird. Gott ist die Liebe, und wir leben in einer Welt des Überflusses. Doch haben so viele Menschen zu wenig und ein paar wenige so viel. Die geistigen Gesetze sind gerecht, und was wir in der Vergangenheit gesät haben, ernten wir in der Gegenwart. Wenn wir merken, daß wir mehr haben, als wir zum Leben wirklich brauchen, sollten wir anderen soviel wie möglich abgeben und weniger an unsere eigenen Bedürfnisse denken. Dann werden in unserem Leben wunderbare Dinge geschehen. Diese Gedanken sollten uns bewegen, wenn wir mit der nächsten Meditation beginnen. Entspannen Sie sich, und atmen Sie tief; schließen Sie die Augen, und bitten Sie um Schutz, während Sie sich in Schweigen versenken; bitten Sie darum, daß das weiße Licht Sie umhüllt und beschützt. Konzentrieren Sie sich auf das Chakra zwischen den Augenbrauen, und sehen Sie sich selbst unter einem Baum sitzen. Seine Zweige sind ausladend und ragen hoch in den Himmel. Es ist ein warmer und sonniger Tag, und Sie tragen leichte Kleider und haben keine Schuhe an.

Vor sich sehen Sie einen Fluß. Sie stehen auf und gehen an sein Ufer; Sie steigen ins Wasser, um ein wenig darin herumzuplanschen. Warm umhüllt das Wasser Ihre Füße, eine leichte Strömung umspült sie. Sie schauen flußaufwärts und sehen einen Wasserfall, auf den Sie zugehen. Sie stellen sich unter den Wasserfall und wissen, daß Ihnen nichts geschehen kann. Sie spüren, wie Sie leichter werden. Das Wasser reinigt Sie und läßt Ihre Haut prickeln. Sie sehen, wie die Sonnenstrahlen durch den Wasserfall hindurchleuchten und wie sich alle Regenbogenfarben über Sie ergießen. Die Farben schimmern im Sonnenlicht, und Sie sind von einem Leuchten umhüllt und fühlen sich lebendig, erhoben, erneuert, verjüngt. Alle Schmerzen lösen sich auf, Sie werden frei von allen Spannungen und Sorgen. Bleiben Sie eine Weile stehen, und spüren Sie, wie das Wasser sich über Sie ergießt.

Treten Sie nun auf der anderen Seite unter dem Wasserfall hervor. Sie merken, daß Sie in ein blaues, golddurchwirktes Gewand gehüllt sind. Vor Ihnen liegt ein Berg, zu dem es Sie hinzieht. Während Sie sich dem Berg nähern, kommt ein leuchtendes Wesen auf Sie zu – es ist Ihr Lehrer, weiser Ratgeber und Freund. Danken Sie ihm für alle Hilfe, die Sie von ihm empfangen haben. Vielleicht wollen Sie dem Weisen eine Frage über Ihr Leben stellen – lauschen Sie der Antwort, und verharren Sie eine Weile dabei. Spüren Sie die Gegenwart der göttlichen Liebe und des Lichtes, das sich von diesem wunderbaren Wesen auf Sie ergießt. Nun sind Sie bereit, den Berg zu besteigen: Vielleicht wird Ihnen für diesen Weg eine Kerze gereicht, oder es wird Ihnen ein Buch oder ein guter Rat in wenigen Worten mit auf den Weg gegeben. Behalten Sie in Erinnerung, was geschieht, denn das ist wichtig für Sie.

Der Beginn des Aufstiegs ist anstrengend, doch dann merken Sie, daß Sie sich nur vorstellen müssen, auf dem Gipfel zu sein, und schon sind Sie dort. Vor Ihnen erhebt sich der schönste Tempel, den Sie je gesehen haben: Er hat eine goldene Kuppel, und seine Mauern schimmern in allen Farben. Ehrfürchtig stehen Sie vor ihm. Aus dem Innern dringt Musik – einige Stufen führen zu einem Portal hinauf, durch das Sie hineingehen. Die Musik, die aus dem Inneren des Tempels dringt, ist Nahrung für Ihre Seele. In der Mitte des Tempels sehen Sie ein goldenes Licht. Gehen Sie auf das Licht zu, baden Sie sich darin. Sie erkennen jetzt den Sinn Ihres Lebens und das, was Sie zu lernen haben; Ihr Leben und seine Geschehnisse liegen klar vor Ihnen. Sie entspannen sich immer mehr, fühlen sich von Farbe und Musik erfüllt und umhüllt und spüren, daß so viel Heilkraft davon auf Sie übergeht, wie Sie aufnehmen können. Spüren Sie, wie sie in Sie einfließt, und seien Sie sich bewußt, daß Sie ein Teil des Göttlichen sind, verbunden mit seinem Überfluß, und daß von nun an alle Ihre Bedürfnisse erfüllt werden. Teilen Sie diesen Überfluß mit den Menschen, denen Sie begegnen, denn Sie sind in einen ewigen Frühling eingetreten. Das Kind in Ihnen singt vor Freude: Sie wissen von jetzt an, daß Ihr himmlischer Vater Sie beschützt und führt und ernährt. Seien Sie sich dessen ganz bewußt, und danken Sie für das, was Sie im Tempel empfangen haben.

Nun ist es Zeit, den Tempel des Lichts zu verlassen, doch Sie sollen wissen, daß Sie ihn immer, wenn Sie wollen, besuchen können. Beginnen Sie den Berg hinabzusteigen; Sie werden kurz darauf an seinem Fuß angekommen sein. Verabschieden Sie sich von Ihrem Freund und Ratgeber, und gehen Sie langsam zum Fluß zurück. Wenn Sie sich dem Fluß nähern, sehen Sie, daß Steine in ihm liegen, auf denen Sie ans andere Ufer gelangen können; wenn Sie es erreicht haben, sind Sie gekleidet wie zuvor. Setzen Sie sich wieder auf Ihren Platz unter dem Baum, und sehen Sie zum Berg zurück: Jetzt ist er in Nebel gehüllt, doch Sie wissen, daß er ein Ort ist, zu dem Sie zu jeder Zeit zurückkehren können und wo Sie immer Ihren inneren Tempel aufsuchen können, in dem Sie mit Gott eins sind. Stellen Sie sich vor, Sie seien in einer Lichthülle, und schließen Sie Ihre Chakras; nehmen Sie einige tiefe Atemzüge, und öffnen Sie die Augen.

Die Quellen der Farben

Umgeben Sie sich mit weißem Licht, bevor Sie sich in Schweigen versenken, nehmen Sie einige tiefe Atemzüge, und entspannen Sie sich beim Ausatmen. Sagen Sie zu sich selbst: »Ich entspanne mich immer mehr und mehr«, und schließen Sie Ihre Augen. Konzentrieren Sie sich auf das Chakra zwischen den Augenbrauen, und sehen Sie vor sich einen See. In der Mitte des Sees liegt eine Insel, auf der Quellen in allen Regenbogenfarben entspringen. Sie sind ein wunderbarer Anblick, und während Sie um den See gehen, entdecken Sie eine Brücke, die Sie zu den Quellen führt. Wenn Sie die Insel in der Mitte des Sees betreten, fühlen Sie sich ganz leicht, so als sei alle Schwere von Ihnen abgefallen. Sie schauen auf ins Sonnenlicht und spüren die Wärme der Sonnenstrahlen in sich eindringen.

Die erste Quelle, zu der Sie kommen, schimmert in allen Farben. Es ist die Quelle des Lebens. Sie steigen in die Quelle, Sie spüren, wie ein Prickeln Sie erfüllt, und Sie fühlen sich erfrischt. Der rote Strahl gibt Ihnen Kraft, der orangefarbene Strahl schenkt Ihnen Vitalität, der goldgelbe Strahl überschüttet Sie mit Ideen, und die blauen Strahlen beruhigen und kühlen Sie und schenken Ihnen die Verbindung zu höheren Idealen. Sie sehen einen Becher, der bei der Quelle steht, und beschließen, daraus zu trinken. Der Trank erfüllt Sie mit einem Wohlgefühl, das Sie bisher nicht kannten. Es ist, als habe sich der Geist des Lebens in Sie ergossen und Sie vollkommen erneuert. Alles in Ihnen erwacht zu neuem Leben. Sie werden sich aller Möglichkeiten bewußt, die vor Ihnen liegen, und haben das Gefühl, im Inneren vor Freude zu tanzen. Nach einiger Zeit verlassen Sie die Quelle und gehen weiter.

Der nächsten Quelle entströmen alle Grüntöne, die Sie sich vorstellen können, vermischt mit Gold. Wenn Sie in die Quelle eintauchen, haben Sie das Gefühl ewiger Jugend und des Neuanfangs; Ihr ganzes Sein fühlt sich erhoben. Der smaragdgrüne Strahl verjüngt und regeneriert Sie ganz und gar; das helle Apfelgrün verbindet Sie brüderlich mit jedem Menschen, und Ihr Herz wird dankbar für alles, was Sie haben und was Sie sind. Das goldene Gelb erleuchtet Ihren Geist mit wunderbaren Ideen, und während Sie aus dem Becher trinken, versinkt die Vergangenheit, und nur die Gegenwart bleibt. Ihr Herz füllt sich mit Liebe und Licht, bis es überfließt, und nach einer Weile verlassen Sie die Quelle und gehen weiter.

Die nächste Quelle, an die Sie kommen, sprudelt alle Blau- und Violett-Töne hervor, von Royalblau über Purpur bis zu

Amethyst, und alle sind von Gold durchzogen. Gehen Sie darauf zu, tauchen Sie sich hinein, und trinken Sie aus dem Becher dieser göttlichen Farben. Die heilenden Strahlen dringen in Sie ein, reinigen Sie von allen Schlacken der Vergangenheit und schenken Ihnen tiefere Einsicht in Ihr Dasein und in den Sinn Ihres Lebens. Ihr ganzes Sein vibriert schneller, und Sie haben das Gefühl, eins zu sein mit allem, was ist. Jeder sehnt sich nach Frieden und Harmonie in seinem Leben; die blauen Strahlen schenken Ihnen beides und heilen Geist, Seele und Körper. Ihr Vertrauen und Ihr Glauben werden so sehr erneuert, daß Sie diese Erfahrung wirklich annehmen können, denn was wir denken, *ist* auch. Wenn Sie bereit sind, verlassen Sie die Quelle und gehen weiter.

Nun kehren Sie zurück zur Quelle des Lebens und tauchen sich wieder in ihr Wasser. Trinken Sie den Becher aller Farben und gehen dann mit dem Gefühl, erleuchtet und erfrischt zu sein, zurück zur Brücke. Bevor Sie die Brücke überqueren, fragen Sie, welche Farbe Ihnen jetzt helfen könnte. Merken Sie sich diese, und benutzen Sie sie dann, denn sie kann Veränderung in Ihnen und Ihrem Leben bewirken und Sie zu neuen Bewußtseinstiefen führen. Sie sind umhüllt von einem vielfarbigen Gewand, denn Sie haben sich in den Farben des Lichts gebadet. Verschenken Sie auf Ihrem weiteren Weg das Licht und die Liebe, die Sie empfangen haben. Bringen Sie anderen Menschen Lächeln und Freude, helfen Sie Ihnen, sich bewußt zu werden, daß wir alle Lichtwesen sind. Seien Sie sich Ihres vielfarbigen Mantels bewußt, schließen Sie Ihre Chakras, und bitten Sie das Licht, Sie zu beschützen, zu führen und zu segnen. Wenn Sie bereit sind, öffnen Sie die Augen. Nach jeder Meditation können Sie folgenden Satz sprechen: »Ich bitte das Licht, mich zu erfüllen, mich zu umhüllen und zu beschützen. Amen.«

Die Farbkarten

Zu diesem Buch gehören achtundzwanzig Farbkarten – sieben davon haben auf beiden Seiten die gleiche Farbe, fünf davon haben jeweils ein leeres Feld und eine Farbe darunter, und sechzehn Karten sind zweifarbig.

Vorbereitung für die Benutzung der Farbkarten

Rot
Rot über einer anderen Farbe bedeutet, daß Sie einen starken Willen haben, aber sich prüfen sollten, aus welchen Motiven heraus Sie handeln. Wenn Rot über Violett steht, sind Sie ein Mensch, der sich vor allem dem Dienst an anderen hingibt.

Rosa
Wenn Rosa über einer anderen Farbe steht, sind Sie ein sehr sensibler, empfänglicher Mensch; steht das Rosa unten, so haben Sie viel Liebe zu geben, aber es fällt Ihnen schwer, sie zum Ausdruck zu bringen.

Orange
Wenn Orange über einer kühlen Farbe (Blau, Indigo oder Violett) steht, bringen Sie nicht wirklich zum Ausdruck, was Sie fühlen und denken; Sie blockieren das Gute, das in Ihnen liegt, und die darunterstehende Farbe muß befreit werden (siehe die Eigenschaften der entsprechenden Farbe).

Gelb
Diese Farbe hat mit den Verstandeskräften zu tun. Steht Sie

über einer kühlen Farbe (außer im spirituellen Bereich), dominiert in Ihrem Leben der Kopf. Wenn diese Farbe im spirituellen Bereich über einer anderen liegt, deutet sie auf Weisheit hin.

Grün

hat mit Freiraum und Gleichgewicht zu tun. Steht es unter einer anderen Farbe, so brauchen Sie mehr Freiraum; steht es oben, so haben Sie viel zu geben und sind mit einem offenen Herzen begabt. (Steht Grün über einer der kühlen Farben – Blau, Indigo oder Violett –, deutet diese falsche Reihenfolge an, daß Sie Ihr Leben aus der falschen Perspektive sehen. Siehe untenstehende Anmerkung.)

Blau

Wenn diese Farbe oben steht, vertrauen Sie auf Ihre Intuition, lieben Frieden und Schönheit. Steht sie unter einer anderen Farbe, so weichen Sie den tieferen Lebensfragen aus.

Violett

Steht diese Farbe über einer anderen, besteht die Tendenz zur Selbstüberschätzung und Machtmißbrauch. Sie sind möglicherweise exzentrisch und rasch deprimiert. Steht Violett unten, so haben Sie Ihre niedrigen Bedürfnisse im Dienste eines höheren Ideals verwandelt.

Anmerkung:

Die Reihenfolge der Farben von langsamen bis zu schnellen Schwingungen ist: Rot, Orange, Gelb, Grün, Blau, Indigo, Violett. Wenn die langsamere Schwingung bei Ihren Karten über einer schnelleren Schwingung steht, können Sie erkennen, daß Sie das Leben aus einer verkehrten Perspektive sehen – es sei denn, im einzelnen Fall fände sich eine andere Angabe.

Die vier Ebenen

Die physische Ebene
Ein Mangel von Rot in diesem Bereich kann bedeuten, daß man mehr Energie braucht und zu lethargisch ist (siehe Seite 77, die positiven Attribute des roten Strahls). Das Fehlen von Orange bedeutet einen Mangel an Selbstvertrauen und die Notwendigkeit, zu einem stärkeren persönlichen Ausdruck zu finden.

Die emotionale Ebene
Zuviel Gelb bedeutet eine Überbetonung des Verstandes. Zuviel Rot gibt einen Hinweis darauf, daß Sie dazu neigen, zu stark emotional zu reagieren.

Die geistige Ebene
Zuviel Gelb läßt Sie das Leben eher analytisch und vom intellektuellen Standpunkt aus betrachten. Zuviel Rot kann hier darauf hindeuten, daß Sie dazu neigen, anmaßend oder herrisch zu sein.

Die spirituelle Ebene
Wenn hier kein Blau oder Violett vorhanden ist, weist das auf einen Menschen hin, der vom spirituellen Standpunkt aus eine zu begrenzte Lebensanschauung hat und sich mehr für seine Intuitionen öffnen sollte.

Wenn Sie die folgenden Interpretationen für die einzelnen Karten nachlesen, finden Sie am rechten Rand die Farben, mit denen Sie nach einer der angegebenen Methoden arbeiten sollten (Atmen mit der Farbe, die Anwendung von solarisiertem Wasser oder einfach ganz allgemein ein stärkeres Bewußtsein für die entsprechende Farbe).

Natürlich sind alle Angaben, die ich zu den verschiedenen Farbstrahlen mache, nur Richtlinien. Wenn Sie sich selbst einige Zeit damit beschäftigt haben, werden Sie alle Hinweise aus eigener Erfahrung und Erkenntnis erweitern können und zu einer vertieften Selbsterkenntnis kommen.

Legemuster für die Farbkarten

DAS GROSSE LEGEMUSTER

1. Mischen Sie die Karten, und heben Sie dreimal ab.
2. Legen Sie die Karten von links nach rechts verdeckt in vier Reihen von jeweils sieben aus.
   1. Reihe: spirituelle Ebene
   2. Reihe: Verstandesebene
   3. Reihe: emotionale Ebene
   4. Reihe: physische Ebene
3. Decken Sie die Karten auf, wobei Sie unbedingt darauf achten müssen, beim Umdrehen die obere und die untere Farbe nicht zu vertauschen.
4. Lesen Sie für jede einzelne Karte nach, was im Abschnitt über die Interpretation in bezug auf die jeweilige Ebene der Karte gesagt ist.
5. Achten Sie darauf, wo die indigofarbene Karte plaziert ist, denn sie zeigt den im Augenblick für Sie entscheidenden Bereich an, wobei die beiden Karten rechts und links von ihr ebenfalls große Bedeutung haben können.
6. Schlagen Sie zuerst nach, was über die indigofarbene Karte auf der entsprechenden Ebene gesagt wird, und lesen Sie dann die Interpretationen der übrigen Karten nach.

KURZBEFRAGUNG

1. Mischen Sie die Karten, und heben Sie dreimal ab.
2. Wählen Sie aus dem Stapel drei Karten aus, und legen Sie sie verdeckt in eine Reihe, wie abgebildet.

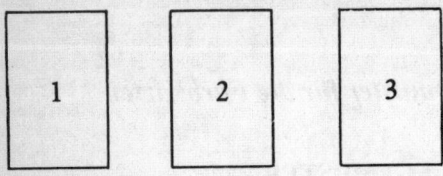

Karte 1 zeigt an, in welcher Verfassung Sie im Augenblick sind, welche Energien Sie haben und einsetzen.

Karte 2 weist auf die Hintergründe und die inneren Aspekte hin.

Karte 3 sollte mit der ersten Karte in Beziehung stehen und Ihnen etwas über Ihre Weiterentwicklung sagen. Wenn Sie hier keinen Zusammenhang herstellen, blockieren Sie vielleicht Ihre eigenen Möglichkeiten. Sie sollten dann eine neue Karte ziehen, nachdem Sie die Karten noch einmal gemischt haben, und sich dabei auf die Frage konzentrieren, wie es um Ihre Weiterentwicklung steht und was Sie für Schritte unternehmen sollten.

Lesen Sie die Deutung der Karten für jede Ebene: physisch, emotional, verstandesmäßig und spirituell.

DAS DREIECK

1. Mischen Sie die Karten, und heben Sie dreimal ab.
2. Legen Sie zehn Karten zu einem Dreieck aus, wobei die Karte 1 die Spitze bildet, Karte 2 und 3 in der Reihe darunter liegen, darunter wiederum Karte 4, 5 und 6, und die Basis des Dreiecks bilden die Karten 7, 8, 9 und 10.

Beispiel:

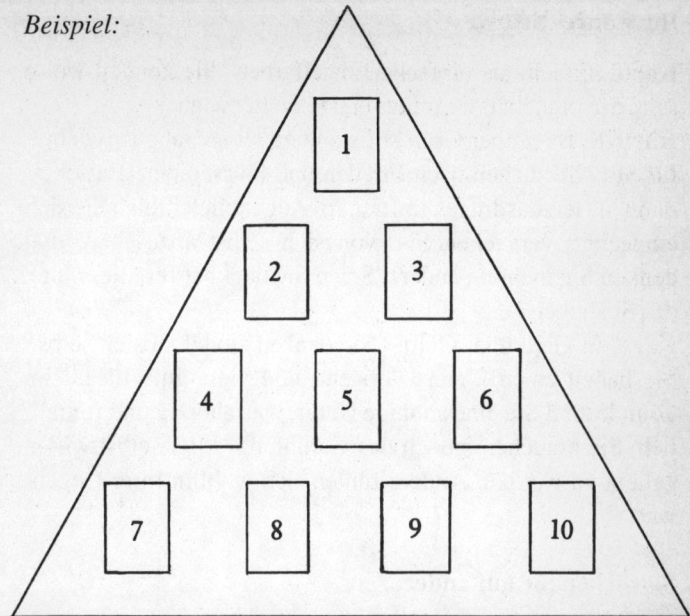

Karte 1 bildet Ihren augenblicklichen Schwerpunkt, die Karten 5, 8 und 9, das Innere des Dreiecks, zeigen Ihre innere Verfassung an, während die Karten 2, 3, 4, 6, 7 und 10 die Art symbolisieren, wie Sie sich nach außen hin geben.

Schwerpunkt:

Karte 1: Grün über Grün – Sie lieben die Natur und sind gern im Freien. Sie geben manchmal so selbstlos, daß Sie sich selbst schaden. Sie fühlen sich zu Tieren und Kindern hingezogen; Besitz gibt Ihnen eine gewisse Sicherheit. Sie brauchen Freiraum und die richtige Umgebung. Sie bringen die Dinge in Gang, und Sie erleben ihr Gelingen. Sie sind voller Verständnis und Sympathie für andere, anpassungsfähig und dennoch kritisch.

Ihr wahres Selbst:

Karte 5: Gelb als einfache Einzelfarbe – Sie können weise sein. Sie brauchen Freiraum und Gleichgewicht.

Karte 8: Blau über Grün – die äußere Umgebung ist wichtig für Sie. Sie suchen nach Frieden und müssen eine Entscheidung in Herzensdingen treffen. Im Augenblick fühlen Sie sich eingeengt; versuchen Sie, von sich selbst abzusehen, und denken Sie mehr an andere. Seien Sie dankbar für alles Gute, das Sie haben.

Karte 9: Gelb über Gelb – Sie denken zuviel an sich selbst. Sie haben einen klaren Verstand und viele gute Ideen; im Grunde sind Sie eine sonnige Natur, warmherzig und freundlich, Sie brauchen jedoch das Gefühl, um Ihrer selbst willen geliebt zu werden. Andere fühlen sich wohl in Ihrer Gegenwart.

So wirken Sie auf andere:

Karte 2: Violett über Blau – Sie sind schnell deprimiert und wirken oft distanziert. Ihr Geist ist außerordentlich kreativ. Sie sind sich bewußt, was für eine Mission Sie zu erfüllen haben, aber Sie haben den Zugang zu dem Wissen in Ihrem Inneren noch nicht gefunden.

Karte 3: Rot über Grün – Sie konzentrieren sich zu sehr auf Ihre Familie und Ihre unmittelbare Umgebung. Erweitern Sie Ihren Gesichtskreis, und denken Sie auch an andere. Im Herzen romantisch, haben Sie eine starke männliche Energie. Das gilt gleichermaßen, ob Sie Mann oder Frau sind; wenn Sie eine Frau sind, sollten Sie Ihre empfängliche und zarte Seite etwas stärker entwickeln oder betonen. Das Grün an der Basis bedeutet Sehnsucht nach Freiraum.

Karte 4: Orange über Grün – gehen Sie positiv mit Ihrer Gedankenkraft um, dann können Sie dadurch Ihr Leben verändern. Gewöhnlich sind Sie sehr gesellig und lieben es, Mittelpunkt der Aufmerksamkeit zu sein, in Ihrem Innersten jedoch sind Sie unsicher. Andere Menschen fühlen sich in Ihrer Gegenwart wohl, Sie strahlen Wärme aus und haben einen Sinn für Humor; doch im Augenblick brauchen Sie Freiraum und ein wenig Abstand, um zu sich selbst zu kommen. Sie können, je nachdem, wie sie sich fühlen, extrovertiert oder introvertiert sein.

Karte 6: Violett über Violett – Sie sind sehr kreativ und kunstliebend und haben viele Begabungen. Sie verehren das Leben in jeder Form und werden sich von dem, was Sie für richtig halten, durch nichts abbringen lassen.

Karte 7: Blau über Gelb – Sie stehen an einem Wendepunkt in Ihrem Leben. Sie sollten Ihrem Glück nicht selbst im Wege sein. Bitten Sie um geistige Führung. Unter schwierigen Umständen können Sie stark sein. Nehmen Sie das Leben nicht so schrecklich ernst; finden Sie zu innerem Gleichgewicht, und lassen Sie die Weisheit, die tief in Ihnen lebt, zum Ausdruck kommen.

Karte 10: Orange über Blau – im Augenblick herrschen bei Ihnen die sozialen Aktivitäten vor, und Sie unterdrücken Ihre zarteren Empfindungen. Bringen Sie Ihre Gefühle ruhig zum Ausdruck; es kann sein, daß Sie zur Zeit eine gewisse Leere in Ihrem Leben empfinden.

Gesamtbild:

Sie brauchen den blauen Strahl des Vertrauens und des Glaubens. Sie müssen erkennen, daß Sie eigentlich Zugang finden könnten zu Ihrem großen inneren Wissen, auch wenn Sie sich im Augenblick ein wenig verloren fühlen, da Sie vor einer Entscheidung über Ihren weiteren Lebensweg stehen. Sie haben viele kreative Begabungen und sollten sie nutzen; das würde wie eine Therapie wirken. Sie brauchen ein wenig

Abstand und Ungestörtheit, um alles zu überdenken – emotionale Entscheidungen werden das klare Denken immer trüben; deshalb fällt es ihnen im Moment so schwer, sich zu innerer Klarheit durchzuringen. Ein Tapetenwechsel könnte hilfreich für Sie sein; Ihre gesamte Lebenshaltung würde sich ändern, wenn Sie sich der Kraft des positiven Denkens bewußt würden. Im Moment sind Sie zu sehr mit sich selbst beschäftigt und müssen wieder ins Gleichgewicht finden; dazu könnte Ihnen der grüne Strahl verhelfen.

Die sieben Strahlen

DER ROTE STRAHL

Der Geist des Lebens

Affirmation: Ich bin stark und mutig, und alles, was ich beginne, gelingt mir.

Ausdrucksform: Der rote Strahl schenkt uns Energie und Kraft. Wenn wir lustlos und erschöpft sind, lädt dieser Strahl unsere Energie wieder auf. Es ist der Strahl der Liebe in all ihren Aspekten. Wir müssen uns selbst vergeben, denn wenn wir das nicht können, werden wir des Lebens nicht wirklich froh. Wenn man nicht vergeben kann, färbt das die persönliche Wahrnehmung – vergeben wir anderen, so werden uns auch unsere eigenen Fehler in der Vergangenheit vergeben. Wir müssen mutig zu unseren Überzeugungen stehen und Willen und Entschlußkraft an den Tag legen, damit uns unsere Unternehmungen gelingen.

Planet: Mars

Eigenschaften des roten Strahls

Positiv	*Negativ*
mutig	dominant
entschlossen	nachtragend
wahrhaftig	sentimental
willensstark	selbstmitleidig
spontan	hartnäckig
dankbar	hochfahrend
bereit zu vergeben	heftig
ausdauernd	rücksichtslos
	leidenschaftlich
	gewalttätig

Visualisierung: eine rote Rose oder eine andere rote Blume, ein Sonnenuntergang mit seinen vielen Rottönen. Atmen Sie die Farbe ein.

Wenn dem roten Strahl Weiß hinzugefügt wird, entsteht der rosafarbene Strahl der bedingungslosen Liebe, die heilt, eint und von all den Fesseln der Vergangenheit befreit:

Der rosafarbene Strahl

Affirmation: Ich liebe, und ich werde geliebt.

Ausdrucksform: bedingungslose Liebe.

Eigenschaften des rosafarbenen Strahls:

Positiv	*Negativ*
Liebe	übergroße Nachgiebigkeit
Freundlichkeit	Weichheit
Sanftheit	Kritiklosigkeit
Dienen um des Dienens willen	Servilität
selbstlose Liebe	

Visualisierung: rosafarbene Rosen oder Nelken. Atmen Sie die Farbe ein.

Weitere Tönungen:

Weinrot: Reinigung, Läuterung

Magenta: spirituell erhebend, Synthese von Geist und Materie

Braun: Wachstum und Streben; kann eine zu große Bindung an Sicherheit und alte Muster bedeuten

DER ORANGEFARBENE STRAHL

Der Geist der Gesundheit

Affirmation: Ich bin von innerer Freude erfüllt; ich fühle mich wohl und lebendig.

Ausdrucksform: Was wir denken, sind wir.
Die Farbe Orange steht in Beziehung zu Gesundheit und Vitalität, zum Denken reiner Gedanken und zu einem bestimmten Maß an körperlicher Übung. Freude ist etwas, das auf dem tiefsten Inneren kommt, sie hängt nicht von äußeren Umständen ab, sie ist ein Strahlen, das alles zum Leben erweckt. Orange ist die Farbe der Kreativität und des sichtbaren Ausdrucks des Daseins. Wir alle brauchen Freude, in ihr ist die Energie der Liebe und der Weisheit, denn Orange setzt sich aus Rot (Liebe) und Gelb (Weisheit) zusammen. Kinder, die viel Orange in ihrer Aura haben, reifen früh; es ist der Strahl des Vertrauens und der Unabhängigkeit.

Planet: Sonne

Eigenschaften des orangefarbenen Strahls:

Positiv	*Negativ*
freudig	mutlos
selbstsicher	stolz
enthusiastisch	exhibitionistisch
unabhängig	träge
gesellig	unselbständig
konstruktiv	destruktiv

Visualisierung: eine Ringelblume (Calendula), eine Orange (Frucht) oder irgendeine andere Blume dieser Farbe. Atmen Sie die Farbe ein.

Weitere Orangetöne:

Pfirsichfarbe: schöpferischer Ausdruck

Aprikosenfarbe: Schönheitsliebe

Lachsrosa: Wohlbefinden und reine Liebe zum Leben

Anmerkung

Eine für sich genommen weder positive noch negative Eigenschaft dieses Strahls ist Ehrgeiz. Damit diese Eigenschaft allen zugute kommt und nicht nur einem selbst, brauchen wir Goldorange. Die Goldtönung verbindet uns mit der höheren Weisheit.

DER GELBE STRAHL

Der Geist des Wissens und der Weisheit

Affirmation: Ideen fließen mir zu, ich fühle mich erneuert.
Ausdrucksform: Dieser Strahl schenkt klares Denken, Ideen und eine Erweiterung des Bewußtseins. Man muß darauf achten, nicht zu kleinlich-analytisch zu denken, denn das Leben ist Synthese und Einheit. Der goldgelbe Strahl ist mit der Weisheit verbunden – Weisheit im Denken, Reden und Handeln. Ein weiser Mensch sagt meist wenig, doch wenn er etwas sagt, dann hat das Gewicht.

Planet: Merkur

Eigenschaften des gelben Strahls:

Positiv	Negativ
Bewußtsein	analytisches, kleinliches Denken
gute Laune	anfällig für Schmeicheleien
großzügiges Denken	Neigung zur Übertreibung
breitgefächerte Interessen	neunmalklug
optimistisch	unaufrichtig
selbstsicher	fühlt sich minderwertig
gute Urteilskraft	kann rachsüchtig sein
klares, logisches Denken	pessimistisch
	feige

Visualisierung: eine Wiese voller goldener Narzissen. Stellen Sie sich vor, Sie gingen durch diese Blumen hindurch und atmeten die Farbe ein.

Weitere Gelbtöne:

Zitronengelb: eine sonnige Natur mit viel Selbstvertrauen

Zartgelb: ein kluger Kopf, ein Philosoph und Wahrheitssucher

Senfgelb: analytisch denkend, streitsüchtig, manchmal nachtragend

Goldgelb: die Farbe von Weisheit und Wissen

DER GRÜNE STRAHL

Der Geist der Evolution

Affirmation: Ich fühle mich jung und frei, mein Leben beginnt erst.

Ausdrucksform: Grün steht in Beziehung zu Sympathie, Mitleid und Einfühlungsgabe. Diese Farbe ist mit Überfluß und Fülle assoziiert, Menschen, die Grün lieben, geben und schenken gerne. Sie sollten jedoch darauf achten, daß Sie dabei nicht sich selbst ganz vergessen. Grün steht auch in Beziehung zum Geld, das eigentlich nur eine neutrale Energie ist; entscheidend ist, was wir mit dieser Energie machen, denn es fällt auf uns selbst zurück. Man spricht auch davon, daß jemand einen »grünen Daumen« habe – daß also Pflanzen unter seiner Obhut besonders gut gedeihen. Diese Menschen lieben Kinder und brauchen ihr Zuhause als Hülle. Die Farbe Grün hat mit Selbstachtung zu tun und damit, wie wir uns selbst und andere einschätzen. Die helleren Grüntöne (Maigrün) werden mit Gemeinschaft und Brüderlichkeit assoziiert.

Planet: Venus

Eigenschaften des grünen Strahls:

Positiv	*Negativ*
Reformbestrebungen auf politischem und industriellem Gebiet	mangelnde Urteilskraft
	skrupelloser Umgang mit Geld
	Gleichgültigkeit
Sympathie und Mitgefühl	Geiz
Harmonie	Hängen an Besitz
Einfühlungsgabe	Neid und Eifersucht
Anpassungsfähigkeit	
Urteilsfähigkeit	
Selbstbeherrschung	
Liebe zu Kindern und Tieren	

Visualisierung: Stellen Sie sich vor, Sie spazieren im Frühling durch einen Wald; die Säfte und Kräfte steigen in Ihnen wie in den Bäumen und in der gesamten Natur. Sie fühlen sich so jung, als finge Ihr Leben gerade erst an. Jeder Tag ist ein neuer Tag. Atmen Sie den grünen Strahl ein.

Weitere Grüntöne:

Lindgrün: Sympathie und Mitgefühl

Tiefes Grasgrün: Kraft und Wohlbefinden

Sehr dunkle Grüntöne: Neid und Eifersucht

DER BLAUE STRAHL

Der Geist der Wahrheit

Affirmation: Ich fühle mich ruhig und friedlich, und Inspiration fließt mir zu.

Ausdrucksform: Diese Farbe steht in Beziehung zu Glauben und Vertrauen, Integrität und Hingabe und stärkt die Empfindung für Schönheit. Für einen Menschen, der Blau liebt oder braucht, sind Musik und Kunst wichtig. Blau ist der Strahl, der Weg und Ziel der Seele in dieser Inkarnation symbolisiert. Er hat große Heilkräfte, schenkt Frieden und Klarheit über den eigenen Weg.

Planet: Mond

Eigenschaften des blauen Strahls:

Positiv	*Negativ*
Loyalität	Ehrgeiz
Vertrauen	Treulosigkeit
Glauben	Mangel an Vertrauen
Integrität	Gefühl der Vereinzelung
Heiterkeit	Aberglaube
Taktgefühl	Teilnahmslosigkeit
Erfindungsgabe	Selbstgerechtigkeit
Inspiration	Snobismus
Hingabe	emotionale Instabilität
	Distanziertheit

Visualisierung: eine Wiese voller Glockenblumen, blauer Hyazinthen oder Iris. Wenn sie in voller Blüte sind, reinigt ihr Duft die Atmosphäre und hebt die Schwingung des Menschen. Atmen Sie die Farbe ein.

Weitere Blautöne:

Royalblau: Loyalität, Stärke und hohe Ideale

Marineblau: gute Urteilskraft

Tiefdunkles Blau: Festgefahrenheit im Denken, Besserwisserei

Hellblau: eine sehr spirituelle Farbe, Dienen um des Dienens willen

DER INDIGOFARBENE STRAHL

Der Geist der Intuition und Stärke

Affirmation: Ich bin ein Lehrer und wirke durch mein Beispiel.

Ausdrucksform: Hier geht es um die Wahrheitssuche. »Wer sucht, der wird finden«, heißt es. Wenn wir mit dieser Schwingung in Berührung kommen, beginnen wir die Ursachen und Zusammenhänge zu verstehen, die hinter den äußeren Formen liegen, und der Sinn des Lebens eröffnet sich uns. Dieser Strahl lehrt uns unter anderem das große Gesetz des Annehmens. Wenn wir eine Situation, die wir nicht verändern können, wirklich akzeptieren und unseren Widerstand loslassen, beginnen wunderbare Dinge zu geschehen. Ein Mensch, der mit dieser Schwingung in Einklang ist, kann andere erwecken und ihnen helfen, daß sie ihre wahren Möglichkeiten entdecken. Der indigofarbene Strahl steht in Beziehung zu Wissenschaft und Philosophie und hat große Stärke und Macht; er muß sich jedoch mit dem gelben Strahl der Weisheit verbinden. Lehren Sie durch Ihr Beispiel, und heilen Sie durch bloße Gegenwart.

Planet: Saturn

Eigenschaften des indigofarbenen Strahls:

Positiv	*Negativ*
hohe Intuitionsgabe	Abgesondertsein
Glauben	Ängstlichkeit
Gefühl der Einheit	Intoleranz
Furchtlosigkeit	Mangel an praktischem Sinn
Reformgeist	verurteilend
Hingabe an die Pflicht	Rücksichtslosigkeit
Klarheit	Zerstreutheit
praktischer Idealismus	sieht nur das Negative, Dunkle
Aktivität im Umkreis	anfällig für Depressionen

Visualisierung: der tiefblaue Mitternachtshimmel. Atmen Sie die Farbe ein.

Wenn Indigo mit Schwarz vermischt ist, kann das auf einen diktatorischen, intoleranten und verständnislosen Menschen hinweisen. Der ungetrübte Indigoton steht in Beziehung zu praktischem Idealismus; es geht darum, einen Weg zu finden, wie man den Menschen dienen kann.

DER VIOLETTE STRAHL

Der Geist des Opfers

Affirmation: Ich widme mein Leben einem höheren Ideal; ich habe Kraft und gehe weise mit ihr um.

Ausdrucksform: Violett hat eine große Kraft, die man weise gebrauchen muß. Wenn man sie eigennützig einsetzt, wird einem das nur selbst schaden; man muß sie in den Dienst von anderen stellen – Dienen um des Dienens willen. Violett ist der Strahl des höheren Strebens, in der Musik, in den Künsten oder in der Arbeit für ein hohes Ideal. Wenn es sich mit dem

goldgelben Strahl der Weisheit verbindet, erfährt man eine
Freude und einen Frieden, die andere nicht kennen.

Planet: Jupiter

Eigenschaften des violetten Strahls:

Positiv	*Negativ*
Sublimierung der Begierden	Machtmißbrauch
Verehrung für alles Leben	Überlegenheitsgefühl
große Leistungen im Beruf	Arroganz
hohe geistige Fähigkeiten	Snobismus
inspirierter Führer	Unzuverlässigkeit
	Rücksichtslosigkeit
Menschenfreundlichkeit	Fanatismus
Selbstaufopferung	Treulosigkeit
reiner Idealismus	morbides Interesse an Schwarzer Magie und dunkler Mystik

Visualisierung: Veilchen. Auch tiefvioletter Flieder mit seinem Duft hat wunderbare Heilkräfte. Atmen Sie die Farbe ein.

Weitere Töne:

Reines Violett: hohe spirituelle Fähigkeiten, mit starker medialer Begabung verbunden

Dunkelviolett: die Fähigkeit, aus egoistischen Gründen über andere Macht zu gewinnen

Purpur: starke Rednergabe, mit der man viele Menschen beeinflussen kann; es bedarf des goldgelben Strahls der Weisheit zum Ausgleich

Lavendel: eine sehr heilende und spirituelle Farbe

Amethyst: hohe Ideale, Hingabe und Loyalität

Interpretation der Farbkarten

EINZELFARBEN EINFACH

Wenn der freie Raum **über** der Farbe steht, hat die betreffende Farbe folgende Bedeutung:

Rosa: bedingungslose Liebe und das Bedürfnis, um seiner selbst willen geliebt zu werden.

Grün: Harmonie in Ihrer Umgebung ist wichtig für Sie.

Blau: Sie brauchen Frieden und sollten auf Ihre Intuition hören.

Gelb: Achten Sie auf Ihr tiefes Wissen. Sie brauchen Freiraum und Gleichgewicht.

Violett: hingebungsvoller Dienst am Ganzen; oft Pioniertätigkeit.

Wenn der freie Raum **unter** der Farbe steht, ergibt sich folgende Bedeutung:

Rosa: das Bedürfnis nach liebevollen Beziehungen zu Ihrer Umgebung.

Grün: Sie brauchen Freiraum, Frieden und Harmonie.

Blau: Sie suchen eine Ausrichtung Ihres Weges.

Gelb: Sie haben einen scharfen Verstand, müssen jedoch zu weisem Handeln gelangen.

Violett: Sie haben viele Begabungen und Kraft – nutzen Sie sie.

EINZELFARBEN DOPPELT

Physische Ebene

Rot: Sie stehen mit beiden Beinen auf der Erde und haben praktischen Sinn; eine sexuelle Beziehung ist wichtig für Sie.

Orange: Sie sind von Natur aus gesellig und offen. Sport, Yoga, Tanz oder eine andere Art von Körperübung sind wichtig für Sie. Achten Sie auf Ihre Ernährung.

Gelb: Sie sind eher egozentrisch und nicht sehr aufmerksam.

Grün: Sie interessieren sich für Natur und alles Natürliche und lieben es, im Freien zu sein.

Blau: Neigung zur Selbstbeobachtung, Perfektionismus.

Indigo: Äußerlichkeiten sind wichtig für Sie. Schauen Sie unter die Oberfläche, das Leben hat noch andere Dimensionen, als es scheint.

Violett: Benutzen Sie Ihre Kreativität, um Ihre Umgebung zu verschönern.

Emotionale Ebene

Rot: sentimental, kann besitzergreifend sein.

Orange: Familiäre Beziehungen sind wichtig für Sie.

Gelb: eine sonnige Natur, warmherzig und freundlich; tiefes Bedürfnis, um seiner selbst willen geliebt zu werden.

Grün: Sie können beim Geben sich selbst zu sehr vergessen; Sie haben immer ein offenes Haus, Sie lieben Tiere und Kinder, Besitz ist wichtig für Sie.

Blau: hypersensibel sich selbst und anderen gegenüber.

Indigo: Das Wohlergehen anderer ist Ihnen wichtig; Sie brauchen eine Arbeit, in der Sie helfen und sich sozial betätigen können – und ohne die Sie frustriert wären.

Violett: Von dem, was Sie für richtig halten, lassen Sie sich durch nichts abhalten; Sie sind rasch deprimiert und unberechenbar. Liebe zu schönen Dingen.

Geistige Ebene

Rot: Sie haben Mut, Stärke und Entschlossenheit.

Orange: eine mentale Farbe. Kommunikation fällt Ihnen nicht schwer. Sie ziehen das an, was Sie denken, ob es nun Reinheit, Sicherheit, Wohlstand oder der negative Aspekt dieser Dinge ist.

Gelb: Mit Ihren guten Ideen werden Sie immer Möglichkeiten finden, Ihren Lebensunterhalt zu verdienen. Hüten Sie sich davor, zu kleinlich, einseitig-analytisch zu denken und zu introvertiert zu werden. Sie sollten sich um ein umfassendes logisches Denken und weitgespannte Interessen bemühen.

Grün: Frieden und Gleichgewicht sind wichtig für Sie; Sie brauchen genug Freiraum, um sich zurückzuziehen, und die richtige Umgebung. Sie haben die Fähigkeit, viele Dinge in Bewegung zu bringen und ihr Gelingen zu erleben.

Blau: Sie haben einen ausgeprägten Verstand und können sehr erfinderisch sein. Hüten Sie sich davor, Frieden um jeden Preis haben zu wollen.

Indigo: Sie suchen nach der Wahrheit und dem Sinn und Ziel des Lebens; Sie können sehr intuitiv sein und haben die Fähigkeit, andere zu beeinflussen.

Violett: Sie sind ein sehr künstlerischer und schöpferischer

Mensch, lieben die Musik und Kunst in jeder Form. Verbinden Sie sich mit Ihrem höheren Selbst, dann werden Sie neue, eigene Schöpfungen hervorbringen.

Spirituelle Ebene

Rot: Bemühen Sie sich, diese Kraft zu nutzen, um anderen zu helfen. Widmen Sie Ihr Leben dem Dienst an einem hohen Ideal. Es ist wichtig für Sie, Ihre Energien auf eine positive Weise einzusetzen.

Orange: Reinheit des Denkens, Sprechens und Handelns ist wichtig für Sie. Sie können sich freuen, sind warmherzig und ermutigen andere mit Ihrer Begeisterungsfähigkeit.

Gelb: Im spirituellen Bereich bedeutet diese Farbe Weisheit, die aus früher gelernten Lektionen erwachsen ist.

Grün: Sie sind voller Sympathie und Einfühlung für andere, sind anpassungsfähig und haben eine gute Urteilskraft.

Blau: Sie sind äußerst intuitiv, lieben Musik und haben die Gabe, Schönheit in all ihren Erscheinungsformen zu sehen.

Indigo: Sie verfügen über Macht und Wissen und sollten beides weise gebrauchen. Ihre Suche nach dem Sinn des Lebens und Ihre Erfahrungen haben Ihr Bewußtsein erweitert und führen Sie zu tiefen Erkenntnissen. Sie sind ein Lehrender und wissen um die inneren Mysterien. Sie haben erkannt, daß das Leben auf der Erde eine Schule ist, in der das himmlische Wissen gelehrt wird.

Violett: Sie sind voller Verehrung für alles Leben und haben Zugang zu hohen geistigen Fähigkeiten.

Doppelfarben

VIOLETT UND BLAU

	Spirituelle Ebene	*Sie brauchen*
Violett über Blau	Sie sind sich bewußt, daß Sie eine Mission zu erfüllen haben, doch Sie blockieren sich selbst in Ihrer Entwicklung und brauchen für Ihren weiteren Weg das Gelb der Weisheit.	Gold/Gelb
Blau über Violett	Sie haben inneren Frieden und eine Ausstrahlung, durch die sich andere in Ihrer Gegenwart wohl fühlen; Sie sind ein Lehrer und Heiler.	Gold/Gelb

	Geistige Ebene	
Violett über Blau	Sie sind sehr kreativ, brauchen Anregungen und sollten sich mehr mit Menschen zusammentun, die die gleichen Interessen haben; im Augenblick ist Alleinsein nur gut für Sie, wenn es unvermeidlich ist. Sie brauchen Goldgelb, um Licht in Ihr Leben zu bringen.	Gold/Gelb
Blau über Violett	Sie geben und dienen, ohne an sich selbst zu denken.	Gold/Gelb

	Emotionale Ebene	*Sie brauchen*
Violett über Blau	Sie sind manchmal deprimiert, ohne zu wissen, warum – Sie brauchen Rosa, um sich zu erwärmen und zu entspannen; manchmal erscheinen Sie verschlossen und distanziert.	Orange/Rosa
Blau über Violett	Erlauben Sie anderen, etwas für Sie zu tun, denn Sie müssen lernen, ebenso zu nehmen wie zu geben. Sie brauchen emotionale, spirituelle und geistige Nahrung.	Orange/Indigo

Physische Ebene

Violett über Blau	Sie brauchen Gelb, um etwas sonniger zu werden. Sie neigen dazu, sich zu sehr unterzuordnen.	Gelb
Blau über Violett	Sie sind eine sehr hingebungsvolle Seele; seien Sie gut zu sich selbst; Disziplin ist zwar gut für die physische Entwicklung, aber Freude ist ebenso wichtig.	Orange

VIOLETT UND ROSA

Geistig-spirituelle Ebene

Violett über Rosa	Der rosafarbene Strahl der Liebe muß befreit werden; Sie sind zu stark mit Ihren eigenen Problemen beschäftigt. Helfen Sie anderen, und Ihr Leben wird sich verändern.	Rosa

Rosa über Violett	Sie sind sich bewußt, daß Sie eine wichtige Mission zu erfüllen haben. Sie wissen in jedem Alter, daß es eine spirituelle Welt gibt und daß wir geführt werden, wenn wir darum bitten.	Indigo

Geistige Ebene

Violett über Rosa	Sie sind rasch frustiert und brauchen die Farbe Gelb, um für göttliche Eingebungen offen zu sein.	Gelb
Rosa über Violett	Sie haben die Fähigkeit, in anderen ein tieferes Weltverständnis zu wecken. Suchen Sie Ihren Weg, bitten Sie darum, daß Sie ihn erkennen.	Gold

Emotionale Ebene

Violett über Rosa	Sie haben viel Liebe zu geben; schenken Sie diese Liebe anderen Menschen, und sie wird tausendfältig zu Ihnen zurückkehren. Sie unterdrücken Ihre Emotionen – befreien Sie sie.	Orange/Rosa
Rosa über Violett	Sie sind übermäßig sensibel und medial veranlagt und müssen versuchen, Ihre Aura zu schützen. Sie schenken anderen	Rosa/Gold/ Gelb

viel Liebe, brauchen es aber
auch, selbst geliebt zu werden.

Physische Ebene

Violett über Rosa	Sie sind sehr kreativ und vielleicht zum Maler, Bildhauer, Designer oder Musiker begabt. Nutzen Sie Ihre schöpferischen Kräfte, da Sie sonst stagnieren und unglücklich sind.	Orange/Blau
Rosa über Violett	Sie lieben die Schönheit in jeder Erscheinungsform und sehen das Schöne, wo andere es nicht wahrnehmen; Sie sind sich des Göttlichen überall in der Schöpfung bewußt.	Grün/Blau

BLAU UND GRÜN

Spirituelle Ebene

Blau über Grün	Sie haben viel zu geben, fühlen sich jedoch eingeengt. Helfen Sie anderen, und vergessen Sie sich selbst, dann wird sich Ihr Leben öffnen.	Grün/Orange
Grün über Blau	Gehen Sie auch sich heraus. Denken Sie an Rosa und Orange. Sie brauchen Wärme und das Gefühl, geliebt zu werden.	Rosa/Orange Blau

Geistige Ebene		*Sie brauchen*
Blau über Grün	Diese beiden Farben bedeuten oft, daß Sie in einer Beziehung eine Entscheidung treffen müssen, denn Grün hat mit dem Herzen zu tun, und Blau bringt Heilung.	Gold/Gelb
Grün über Blau	Sie brauchen Zeit, um alles zu überdenken; genehmigen Sie sich einen Tapetenwechsel, vielleicht bekommen Sie dann neue Perspektiven. Es besteht die Neigung zum Pessimismus.	Orange/Blau

Emotionale Ebene

Blau über Grün	Sie sehnen sich nach Frieden in allen Lebensbereichen.	Grün/Blau
Grün über Blau	Sie sind nur allzu leicht deprimiert; Sie brauchen das Rosa der Liebe, um Ihr Herz zu erwärmen.	Rosa/Grün/ Blau

Physische Ebene

Blau über Grün	Es ist sehr wichtig für Sie, in welcher Umgebung Sie sich aufhalten; Sie sollten viel in Parks und in die freie Landschaft gehen.	Grün
Grün über Blau	Sie brauchen eine Veränderung, denn Sie sind in der gegenwärtigen Situation unglücklich.	Grün/Gelb

BLAU UND ROT

	Spirituelle Ebene	*Sie brauchen*
Blau über Rot	Sie sind spirituell sehr stark; die anderen werden Halt bei Ihnen suchen. Helfen Sie ihnen, ihrer eigenen inneren Führung zu vertrauen.	Gold/Gelb
Rot über Blau	Sie haben einen starken Willen. Bitten Sie darum, daß Gottes Wille durch Sie erfüllt werde, und befreien Sie das Blau in Ihrer Seele.	Blau

Geistige Ebene

Blau über Rot	Sie haben die Fähigkeit, Ihre Ideen in die Tat umzusetzen.	Gold/Gelb
Rot über Blau	Ihre Intuition ist blockiert; Sie sollten sich auf den blauen Strahl einstimmen. Hüten Sie sich davor, zu sehr dominieren zu wollen, und öffnen Sie sich für die Standpunkte der anderen Menschen.	Gold/Gelb/ Blau

Emotionale Ebene

Blau über Rot	Ihre Energien sind gut ausgeglichen. Sie haben starke Emotionen, die Sie in die richtige Richtung lenken sollten. Sie können sehr intuitiv sein.	Violett/Indigo

Rot über Blau	Sie sollten mit beiden Beinen auf der Erde stehen. Sie sind oft zu emotional, vor allem, wenn die Dinge nicht so gehen, wie Sie es wollen; Ihre übereilten Reaktionen bedauern Sie bald danach.	Grün/Blau

Physische Ebene

Blau über Rot	Sie sind eine starke Persönlichkeit und wissen genau, was Sie wollen.	Grün/Blau
Rot über Blau	Sie neigen dazu, andere zu dominieren; Ursache dafür ist Ihr mangelndes Selbstvertrauen.	Orange/Blau

BLAU UND GELB

Spirituelle Ebene

Blau über Gelb	Lassen Sie das Wissen, das in Ihrem Inneren ruht, zum Ausdruck kommen.	Gold/Gelb
Gelb über Blau	Gelb hat hier einen goldenen Schimmer. Sie sind ein integrer Mensch und ein Freund, dem man vertrauen kann.	Violett

Geistige Ebene		*Sie brauchen*
Blau über Gelb	Sie sind sehr intuitiv, sollten aber mit Hilfe der Farbe Gelb Ihre Ideen auf eine reale Ebene bringen. Sie neigen dazu, zu ätherisch zu sein, und stehen nicht mit beiden Beinen auf der Erde.	Gelb
Gelb über Blau	Hier dominiert der Verstand über die Intuition; denken Sie Blau; der grüne Strahl wird Sie ins Gleichgewicht bringen. Sie müssen eine wichtige Entscheidung treffen.	Grün/Blau

Emotionale Ebene

Blau über Gelb	Sie sind von stoischer Natur und können gut mit schwierigen Situationen umgehen, haben allerdings die Tendenz, das Leben zu ernst zu nehmen. Sie brauchen Orange, den Strahl der Freude, der helfen wird, das Gelb zu befreien.	Orange/Gelb
Gelb über Blau	Sie unterdrücken Ihre tieferen Einsichten; achten Sie auf Ihre Gesundheit. Der goldene Strahl der Weisheit wird Ihnen helfen und eine Tür für Sie öffnen. Werden Sie nicht zum Märtyrer.	Gold/Gelb

	Physische Ebene	*Sie brauchen*
Blau über Gelb	Sie stehen an einem Wendepunkt in Ihrem Leben; hindern Sie sich nicht selbst an Ihrem Glück. Bitten Sie um Führung – Sie können darauf vertrauen, daß Sie bekommen, was Sie brauchen.	Gold/Gelb
Gelb über Blau	Vernachlässigen Sie Ihren Körper nicht, gehen Sie gut mit ihm um, sonst werden Sie es später bedauern. Das Gelb des Geistes ist so mit wichtigen Dingen beschäftigt, daß das Selbst den physischen Körper vergißt.	Orange/Blau

GELB UND ROSA

	Sprituelle Ebene	
Gelb über Rosa	Bitten Sie darum, den Sinn der göttlichen Weisheit und Liebe zu erkennen, dann wird sich Ihnen die Wahrheit offenbaren. Gelb steht hier für Weisheit, Rosa symbolisiert die Liebe.	Rosa/Gelb/ Blau
Rosa über Gelb	Hier ist das Rosa aufgestiegen, und die Liebe wird befreit wie bei einer Wiedergeburt – Sie beginnen, alles mit anderen Augen zu sehen.	Blau/Gold/ Gelb

185

	Geistige Ebene	*Sie brauchen*
Gelb über Rosa	Gelb bedeutet hier einen offenen Geist; Sie können recht herb erscheinen, sind aber im Inneren zart besaitet.	Gold/Gelb
Rosa über Gelb	Sie sind ein sehr verletzlicher Mensch und werden von den anderen oft rücksichtslos übergangen.	Indigo/Rosa

	Emotionale Ebene	
Gelb über Rosa	Ihre Liebe zu tieferer Lebenserkenntnis treibt Sie auf die Suche nach dem Sinn hinter allen Dingen. Sie haben viel Liebe zu geben.	Indigo/Rosa
Rosa über Gelb	Sie sind ein lieber, guter Mensch, aber Sie neigen zu Naivität. Sie brauchen das Goldgelb der Weisheit.	Gold/Gelb

	Physische Ebene	
Gelb über Rosa	Sie öffnen sich jetzt einem vertieften Bewußtsein für die Hintergründe des Lebens.	Gelb/Grün
Rosa über Gelb	Sie kennen sich selbst nicht – befreien Sie das Gelb des Geistes, und Sie werden überrascht sein, was Sie entdecken.	Gelb

ROT UND GRÜN

	Spirituelle Ebene	*Sie brauchen*
Rot über Grün	Sie interessieren sich nur für Ihre Familie und Ihre unmittelbare Umgebung; erweitern Sie Ihr Bewußtsein für größere Zusammenhänge.	Gold/Gelb
Grün über Rot	Gleichgewicht und Harmonie sind notwendig für Sie; Sie lieben es, sich frei bewegen zu können, zum Beispiel in der freien Natur, und sind offen für das Leben in all seinen Erscheinungsformen.	Orange/Blau

	Geistige Ebene	
Rot über Grün	Sie konzentrieren sich zu sehr auf sich selbst, was man an dem dominierenden Rot ablesen kann. Beginnen Sie sich mehr für andere Menschen zu öffnen.	Orange/Blau
Grün über Rot	Sie sind recht geschäftstüchtig, kennen aber auch die Bedürfnisse anderer und handeln entsprechend.	Blau

	Emotionale Ebene	
Rot über Grün	Sie sind eine romantische Seele, Ihr Sexualleben spielt	Blau

sich hauptsächlich in der Phantasie ab, realistische Erwartungen haben Sie nicht.

Grün über Rot	Sie sind ein sehr verletzliches Wesen, und wenn Sie eine sexuelle Beziehung eingehen, muß sie von tiefer Liebe getragen sein.	Blau

Physische Ebene

Rot über Grün	Hier wird die männliche Energie stark eingesetzt; bei einer Frau könnte das auf eine Überbetonung dieser Energie hinweisen, so daß sie schließlich alles selbst in die Hand nehmen muß und sich wundert, warum ihr niemand hilft. Das Grün an der Basis bedeutet Sehnsucht nach Freiraum.	Gold/Gelb/Grün
Grün über Rot	Bei einer Frau sind hier die Energien gut verteilt (das Grün bedeutet in diesem Fall den weiblichen Aspekt des Selbst); ein Mann mit dieser Farbkombination ist zu feminin und muß lernen, sich durchzusetzen. Seine Sensibilität bedarf einer Ergänzung vom kraftvollen roten, unteren Pol.	Gold/Gelb

VIOLETT UND GRÜN

	Spirituelle Ebene	*Sie brauchen*
Violett über Grün	Sie sind zu sehr nach innen gekehrt und beschäftigen sich zuviel mit Ihren eigenen Problemen. Nutzen Sie Ihre Kreativität, dann wird Ihr Leben wieder erfüllt sein.	Orange/Gold
Grün über Violett	Sie haben aus der Vergangenheit viele Begabungen mitgebracht, die Sie zum Wohle aller einsetzen sollten.	Rosa/Violett
	Geistige Ebene	
Violett über Grün	Manchmal können Sie sehr melancholisch sein; der grüne Strahl könnte Ihnen helfen, mehr aus sich herauszugehen. Sie sollten nicht vergessen, welche Kraft im positiven Denken liegt.	Gold/Gelb/ Grün
Grün über Violett	Sie sind ein Seelenheiler. Helfen Sie anderen zu erkennen, wer sie sind, was für Möglichkeiten sie haben und was der Sinn ihres Lebens ist. Ein Neuanfang.	Gold/Gelb
	Emotionale Ebene	
Violett über Grün	Sie sind sehr sensibel und raschen Stimmungsschwankun-	Rosa/Orange

gen unterworfen. Wichtig für
Sie ist, daß Sie lieben, was Sie
tun; Ihr Leben wird freudiger
sein, wenn Sie Ihre Kreativität
besser nutzen.

Grün über Violett	Ihre Seele erwacht und erkennt Ihr Schicksal. Sie sehen Schönheit in allen Erscheinungsformen; Farben und Musik sind wichtig für Sie.	Gold/Gelb

Physische Ebene

Violett über Grün	Sie sehnen sich nach dem Freiraum, in dem Sie Ihre Möglichkeiten ausdrücken können, da Sie sich jetzt noch eingeengt fühlen. Gehen Sie viel ins Freie, suchen Sie die Verbindung zur Natur.	Orange/Grün
Grün über Violett	Sie haben viel gelitten und fühlen sich jetzt wie neugeboren. Nun sehen Sie das Leben mit anderen Augen.	Gold/Gelb

GRÜN UND ROSA

Spirituelle Ebene

Grün über Rosa	Sie sind ein Mensch, der eigentlich sehr liebevoll und für-	Orange/Rosa

sorglich sein kann, es aber
noch mehr zum Ausdruck bringen müßte.

Rosa über Grün	Das Rosa steht hier für das Er-wachen des wahren Selbst; die beiden Farben strahlen vom Herz-Chakra aus. Schenken Sie anderen Liebe und Frieden.	Grün

Geistige Ebene

Grün über Rosa	Denken Sie an andere Men-schen, und seien Sie sich des Guten bewußt, das Ihnen ge-schenkt wird.	Orange/Blau
Rosa über Grün	Sie sehnen sich nach mehr Frei-heit, um Ihr wahres Selbst zum Ausdruck zu bringen, und möch-ten sich aus den gegenwärtigen Umständen lösen. Akzeptieren Sie Ihre augenblickliche Situa-tion, und Sie werden sehen, daß die äußeren Umstände sich wie von selbst verändern.	Orange/Grün

Emotionale Ebene

Grün über Rosa	Öffnen Sie Ihr Herz tieferen Einsichten, und Ihr Leben wird sich verändern. Die größte Heil-kraft in unserem Universum ist die Liebe.	Rosa/Gelb

Rosa über Grün	Sie wissen, was es bedeutet, bedingungslos zu lieben. Sie haben Schweres durchgemacht und können nun vielen anderen eine Hilfe sein. Sie brauchen jedoch Freiraum und Bewegung. Sie haben viel Liebe zu geben.	Gold/Gelb/ Blau/Grün

Physische Ebene

Grün über Rosa	Sie werden von den anderen Menschen nicht erkannt, denn Sie verbergen Ihr wahres Selbst. Öffnen Sie sich für mehr Lebensfreude.	Orange
Rosa über Grün	Sie möchten am liebsten Ihre Tätigkeit und/oder Ihre Umgebung verändern. Bringen Sie dieses Bedürfnis zum Ausdruck, dann könnte sich etwas verändern.	Grün/Gold/ Gelb

BLAU UND ROSA

Spirituelle Ebene

Blau über Rosa	Sie sind sehr intuitiv und haben viel Liebe zu geben. Da Sie in der Vergangenheit sehr verletzt wurden, neigen Sie dazu, Ihre Gefühle zu verbergen. Bringen Sie Ihre Liebe zum Ausdruck, und Ihr Leben wird sich verändern.	Rosa

Rosa über Blau	Sie identifizieren sich mit den Problemen aller anderen; schützen Sie Ihre Aura mit weißem Licht. Es ist wichtig für Sie, in der richtigen Umgebung zu leben. Manchmal sind Sie etwas zu emotional.	Blau

Geistige Ebene

Blau über Rosa	Sie haben hohe geistige Fähigkeiten und können sehr intuitiv sein. Sie besitzen die Gabe, die Bedürfnisse der anderen zu erkennen.	Gold/Gelb
Rosa über Blau	Sie müssen sich geistig stärken, um fester dazustehen.	Gelb

Emotionale Ebene

Blau über Rosa	Wir alle sind Gottes Kinder; Sie haben manchmal etwas von einer Übermutter an sich und sollten sich bemühen, sich nicht zu sehr in das Leben der Menschen in Ihrer Umgebung einzumischen.	Gold/Gelb
Rosa über Blau	Sie können anderen gegenüber sehr sanftmütig sein; Sie werden oft verletzt und übervorteilt. Der orangefarbene Strahl wird Ihnen Selbstvertrauen und Kraft geben.	Orange

	Physische Ebene	*Sie brauchen*
Blau über Rosa	Ihr Leben ist schwer, aber Sie können es annehmen. Lassen Sie das Rosa der Liebe, das in Ihnen ist, strömen, und tun Sie mehr Dinge, die Ihnen Freude machen.	Orange
Rosa über Blau	Liebe und Vertrauen haben sich hier verbunden. Rosa und Blau stehen in Beziehung zum männlichen und weiblichen Aspekt des Selbst; haben Sie Vertrauen in das, was Sie tun.	Blau

VIOLETT UND ROT

	Spirituelle Ebene	
Violett über Rot	Sie haben viel Macht über andere und brauchen das Goldgelb der Weisheit. Macht ohne Weisheit wird sich immer zerstörerisch, auch für Sie selbst, auswirken.	Gold/Gelb Grün
Rot über Violett	Sie haben tiefe Achtung vor allem Leben und können Zugang zu großer spiritueller Kraft bekommen. Ihr Leben besteht vor allem aus Dienen.	Indigo/Rosa/ Gold/Gelb

	Geistige Ebene	*Sie brauchen*
Violett über Rot	Sie neigen dazu, andere zu manipulieren, damit sie sich Ihnen anpassen. Doch Sie sollten nicht vergessen, daß Sie immer zurückbekommen, was Sie geben.	Gold/Gelb
Rot über Violett	Sie haben Ihr Leben einem hohen Ideal gewidmet und setzen den Dienst an diesem Ideal an die erste Stelle.	Grün/Rosa

	Emotionale Ebene	
Violett über Rot	Sexualität ist wichtig für Sie, doch sie muß schön und harmonisch sein und darf nichts Niedriges an sich haben.	Grün/Rosa
Rot über Violett	Sie haben Ihre Begierden verwandelt und Ihr kleines Selbst geopfert, um Ihr höheres Selbst zu finden.	Gold/Gelb

	Physische Ebene	
Violett über Rot	In Ihnen liegt die Möglichkeit, durch Ihre Kreativität und Ihre Bereitschaft, anderen zu helfen, die Welt schöner zu machen. Befreien Sie das Rot, das Sie in sich haben, und Sie werden in all Ihren Bestrebungen erfolgreich sein.	Rot/Gold/ Gelb

| Rot über Violett | Sie haben viel Kraft und sollten sich bemühen, weise mit ihr umzugehen. | Gold/Gelb |

GELB UND ROT

Spirituelle Ebene

| Gelb über Rot | Gelb bedeutet hier das Gold der Weisheit. Das Rot ist Kraft; die anderen Menschen werden bei Ihnen Halt suchen, helfen Sie ihnen, ihre eigene Stärke und Klugheit zu entdecken. | Gold/Gelb/ Violett |
| Rot über Gelb | Sie sehen die Dinge falsch und sollten Ihr Leben, Ihre Motive und Ziele überdenken. Da die langsamere Schwingung über der schnelleren steht, sind die Energien falsch verteilt. | Grün/Gold/ Gelb |

Geistige Ebene

| Gelb über Rot | Sie haben einen guten Verstand und projizieren Ihre eigenen Ideen auf andere Menschen. | Gold/Gelb |
| Rot über Gelb | Denken Sie nach, bevor Sie handeln, sonst folgt die Reue auf dem Fuß. Sie können manchmal sehr dominierend sein. | Rosa/Gold/ Gelb |

	Emotionale Ebene	*Sie brauchen*
Gelb über Rot	Sie halten Ihre Emotionen unter Kontrolle, was eine gewisse Verkrampfung mit sich bringt. Deshalb müssen Sie sehr auf Ihre Gesundheit achten.	Blau
Rot über Gelb	Sie setzen Ihre Emotionen ein, um andere Menschen zu manipulieren. Emotionalität ist nicht Liebe.	Gold/Gelb/Rosa

Physische Ebene

Gelb über Rot	Den Dingen, für die Sie sich interessieren, widmen Sie sich mit Schwung und Kraft.	Grün
Rot über Gelb	Sie sehen alles schwarz oder weiß, ohne Zwischentöne. Mehr innere Ausgeglichenheit wäre nötig für Sie. Sie neigen dazu, Ihr eigenes Leben wie das der anderen unter Kontrolle zu halten, laufen aber Gefahr, daß sich das für Sie selbst negativ auswirkt.	Grün/Blau/Gelb

GRÜN UND ORANGE

	Spirituelle Ebene	*Sie brauchen*
Grün über Orange	Sie lieben Harmonie; leben Sie Ihr Bedürfnis nach Freude und Lebenslust mehr aus, denn Sie haben viel zu geben.	Orange
Orange über Grün	Orange bedeutet hier Reinheit der Gedanken, Worte und Taten – verändern Sie Ihr Leben durch die Kraft Ihrer Gedanken. Sie sehnen sich nach Frieden.	Grün/Gelb/ Violett

	Geistige Ebene	
Grün über Orange	Sie sind ein großmütiger Mensch und haben viel Verständnis für die Probleme der anderen.	Gold/Gelb
Orange über Grün	Als geselliges Wesen sind Sie gerne im Mittelpunkt der Aufmerksamkeit. Kommunikation fällt Ihnen nicht schwer, und Sie haben viel Selbstvertrauen.	Grün/Blau

	Emotionale Ebene	
Grün über Orange	Menschen sind Ihnen wichtig. Sie tun etwas für die anderen, nehmen aber selbst das Leben etwas zu ernst; deshalb brauchen Sie das Orange der Lebensfreude.	Orange/Blau

Orange über Grün	Sie fühlen sich oft unsicher und sollten versuchen, einen Ausgleich zwischen Ihrer Neigung zur Introversion und Ihrer extrovertierten Seite zu finden.	Blau/Grün

Physische Ebene

Grün über Orange	Mit Geld können Sie nicht gut umgehen; Sie geben oft so viel, daß Sie sich schaden. Sie müssen das Gesetz des Austauschs erkennen. Grün symbolisiert Geld, und Geld ist nichts anderes als eine Energie; auch sie muß ins Gleichgewicht kommen.	Grün/Gold/Gelb
Orange über Grün	Andere fühlen sich wohl in Ihrer Gegenwart; Sie strahlen Wärme und Humor aus, sollten aber sehen, daß Sie sich genug Freiraum verschaffen.	Grün

BLAU UND ORANGE

Spirituelle Ebene

Blau über Orange	Werden Sie sich klar, was Ihr Schicksal und Ihre Bestimmung ist. Sie sind ein Mensch, der nach der Wahrheit sucht.	Indigo

Orange über Blau	Das Leben erscheint Ihnen leer. Wer sucht, der wird finden – an diese Wahrheit sollten Sie sich erinnern.	Indigo/Rosa

Geistige Ebene

Blau über Orange	Sie neigen dazu, das Leben zu ernst zu nehmen; gönnen Sie sich auch ein wenig Freude und Spaß.	Orange/Gelb
Orange über Blau	Sie leben im Augenblick etwas gedanken- und rücksichtslos, aber um welchen Preis? Ihr wahres Selbst ist unterdrückt. Sie sollten versuchen, mit Ihrem höheren Selbst, dem Blau, in Berührung zu kommen.	Blau/Grün

Emotionale Ebene

Blau über Orange	Diese beiden Energien ergänzen sich gut. Finden Sie Ihr äußeres und Ihr inneres Gleichgewicht. Sie können unberechenbar sein; erlauben Sie sich, Ihre wahren Gefühle auszudrücken, denn Sie neigen dazu, sie zu verbergen.	Rosa/Grün
Orange über Blau	Sie unterdrücken Ihre zarteren Empfindungen und versuchen,	Blau/Grün

die anderen durch Ihre Rolle
als Spaßvogel abzulenken.
Achten Sie auf Ihre Gesundheit.

Physische Ebene

Blau über Orange	Sie möchten, daß immer alles nach außen hin in Ordnung ist, sind also etwas zu perfektionistisch. Seien Sie flexibler.	Grün
Orange über Blau	Sie sind im Augenblick mehr an gesellschaftlichen Aktivitäten als an tiefergehenden Fragen interessiert. Doch alles im Leben sollte ausgeglichen sein.	Grün

GRÜN UND GELB

Spirituelle Ebene

Grün über Gelb	Sie sind ein liebenswerter Mensch – bringen Sie es zum Ausdruck, und lassen Sie Ihr sonniges Wesen leuchten, das Sie manchmal verbergen.	Gelb
Gelb über Grün	Sie sehnen sich nach Liebe, sollten aber bedenken, daß Sie ebenso viel Liebe bekommen, wie Sie geben. Analysieren Sie Ihre Beziehungen nicht zu sehr. Im Augenblick fühlen Sie sich eingeengt.	Rosa

	Geistige Ebene	*Sie brauchen*
Grün über Gelb	Nutzen Sie Ihren Verstand, und öffnen Sie sich für neue Ideen; Sie lassen sich zu sehr von anderen beeinflussen.	Gelb
Gelb über Grün	Sie denken sehr analytisch. In Ihrem Leben wird es oftmals Veränderungen geben, doch Sie werden es immer irgendwie ver- stehen, Ihren Lebensunterhalt zu verdienen. Sie haben viele gute Ideen.	Rosa

Emotionale Ebene

Grün über Gelb	Ihr Herz herrscht über Ihren Verstand. Versuchen Sie, wach zu sein.	Gold/Gelb
Gelb über Grün	Ihr Verstand herrscht über Ihr Herz. Sie müssen im emotio- nalen Bereich eine Entscheidung treffen.	Gold/Gelb

Physische Ebene

Grün über Gelb	Sie müssen mehr Aktivitäten haben, Sie gehen das Leben zu passiv an.	Orange
Gelb über Grün	Finden Sie ein Ziel, und verfol- gen Sie es, dann werden Sie auch Erfolg haben. Sie brauchen viel Freiraum, gehen Sie in die Natur.	Orange

VIOLETT UND GELB

	Spirituelle Ebene	*Sie brauchen*
Violett über Gelb	Denken Sie über Ihr Leben nach, und überlegen Sie sich, wohin Ihr Weg gehen soll.	Gold/Gelb/ Blau
Gelb über Violett	Gelb bedeutet hier Weisheit. Sie haben beschlossen, Ihr Leben den anderen Menschen zu widmen, sehen ein Ziel vor sich und wissen, was der tiefere Sinn Ihres Schicksals ist – folgen Sie Ihrem guten Stern.	Rosa

	Geistige Ebene	
Violett über Gelb	Befreien Sie das Gelb, das den Verstand symbolisiert; Sie haben gute Ideen, aber Sie setzen sie oft nicht um; Sie brauchen das Goldgelb der Weisheit, dann wird sich Ihr Leben verändern.	Gold/Gelb
Gelb über Violett	Sie sind ein Pionier und können mit Ihren Entdeckungen und neuen Ideen vielen Menschen helfen.	Grün/Gold/ Gelb

	Emotionale Ebene	
Violett über Gelb	Sie neigen dazu, sich mit den Problemen anderer Menschen zu identifizieren. Sie werden	Orange/Blau/ Gold/Gelb

leicht depressiv. Stärken Sie
Ihre Aura, indem Sie sich selbst
in goldenes Licht gehüllt sehen.

Gelb über Violett	Ihre Erfahrungen in der Vergangenheit helfen Ihnen, anderen gegenüber hilfreich zu sein. Das Violett zeigt, daß Sie Ihre persönlichen Bedürfnisse einem höheren Ideal untergeordnet haben.	Rosa/Grün

Physische Ebene

Violett über Gelb	Sie unterdrücken Ihr wahres Selbst – seien Sie mutig, und gehen Sie aus sich heraus, damit man Sie respektiert.	Gelb/Blau
Gelb über Violett	Sie haben schöpferische Fähigkeiten und können sich kreativ ausdrücken.	Rosa/Gelb

Alternativ Heilen

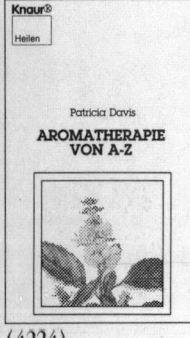

Patricia Davis
AROMATHERAPIE VON A-Z

(4224)

GESUND MIT DER NATUR
Rainer Wallbaum
Ohne Erkältung durch das Jahr
Vorbeugen mit **Naturmedizin** Originalausgabe

(7798)

Matthew Manning
HANDBUCH DER SELBSTHEILUNG

(4232)

Heile dich selbst mit den **BACH BLÜTEN**

Dr. Edward Bach
Jens Erik R. Petersen

(7755)

Tomas Svoboda
Das Hypnosebuch
Individuelle Anwendungsformen für Selbsthilfe und therapeutische Praxis

(7752)

Ratgeber
Dr. Vernon Coleman
Denk dich gesund
Die Macht des Geistes über den Körper

(7844)

Rüdiger Dahlke

Heilung für Körper und Seele

(4214)

(4228)

(4237)

(4215)

Träume als Wegweiser

Ernst Aeppli

DER TRAUM UND SEINE DEUTUNG

Mit 500 Traumsymbolen

(4116)

Ann Faraday

DIE POSITIVE KRAFT DER TRÄUME

(4119)

Jack Maguire

TRAUMARBEIT UND TRANSFORMATION

(4242)

Hildegard Schwarz

Aus Träumen lernen

Mit Träumen leben
Originalausgabe

(4170)

David Ryback
Letitia Sweitzer

WAHRTRÄUME –
ihre transformierende
und übersinnliche Kraft

(4222)